Tobias Abstreiter

Sinn der Wohneigentumsförderung mit Mitteln der beruflichen Vorsorge

Tobias Abstreiter

Sinn der Wohneigentumsförderung mit Mitteln der beruflichen Vorsorge

Sinn und Zweck aus heutiger Sicht

Lehrbuchverlag

Imprint

Cover image: www.ingimage.com

Publisher:
Der Lehrbuchverlag
is a trademark of
International Book Market Service Ltd., member of OmniScriptum Publishing Group
17 Meldrum Street, Beau Bassin 71504, Mauritius

Printed at: see last page
ISBN: 978-620-0-27223-2

Management Summary

Viele Personen in der Schweiz haben den Traum von einem Eigenheim. Ein Haus mit einem Garten oder eine schöne grosse Wohnung für sich und seine Liebsten. Dies bedeutet für diesen Menschen oft Freiheit, Selbstverwirklichung und finanzielle Sicherheit und Unabhängigkeit. Durch die grosse Nachfrage an Immobilien und die hohen Immobilienpreise ist ein solcher Wunsch in der Schweiz allerdings oft sehr teuer und viele könnten sich diesen ohne fremde Finanzierungshilfe nicht leisten. Die Schweiz besitzt daher im Vergleich mit anderen europäischen Ländern die tiefste Wohneigentumsquote. Um diese Quote und den gesamten Immobilienmarkt anzukurbeln, wurde 1995 eine neue Finanzierungsmöglichkeit für Personen mit kleinerem Eigenkapital geschaffen: die Wohneigentumsförderung mit Mitteln der beruflichen Vorsorge. Bei diesem Modell können die Vorsorgegelder aus der 2. Säule der Pensionskasse früher als geplant bezogen werden. Die Gelder können dabei vorbezogen oder verpfändet werden. Beide Möglichkeiten bieten Chancen und Risiken, sowohl für den Versicherten wie auch für andere Einflussgruppen. Die Altersrente kann verringert werden, es kann sich auf die Hypothek sowie auf die Steuern auswirken oder es kann ein falscher Anreize für den Immobilienkauf geschaffen werden. Verschiedene Stakeholder, wie Banken, Pensionskassen und Immobilienfirmen, aber auch Politiker diskutieren die Vor- und Nachteile dieses Modells stark. Ob die Wohneigentumsförderung mit Mitteln der beruflichen Vorsorge aus heutiger Sicht sinnvoll ist oder nicht und wie stark dieses Instrument seine Stakeholder beeinflusst, soll in dieser Arbeit analysiert und geklärt werden. Dies soll mit verschiedenen Berechnungen und einer Fragebogenerhebung der wichtigsten Stakeholder erarbeitet werden.

Inhaltsverzeichnis

Zugunsten der Lesbarkeit wird auf eine männlich/weiblich Formulierung verzichtet.

Sämtliche Ausdrücke, die männlich formuliert sind, gelten sinngemäss auch für Frauen.

Danksagung

Ich möchte mich hiermit bei allen Personen bedanken, die in irgendeiner Form zum Gelingen dieser Arbeit beigetragen haben. Bei Herrn Claudio Müller für die wertvollen Inputs, die Unterstützung und die aufgewendete Zeit.

Abkürzungsverzeichnis

BSV	Bundesamt für Sozialversicherungen
BV	Bundesverfassung der Schweizerischen Eidgenossenschaft
BVG	Bundesgesetz über die berufliche Alters-, Hinterlassenen und Invalidenvorsorge
BWO	Bundesamt für Wohnungswesen
CHF	Schweizer Franken
EDI	Eidgenössisches Departement des Innern
FINMA	Eidgenössische Finanzmarktaufsicht
Mio.	Millionen
SBVg	Schweizerische Bankiervereinigung
SP	Sozialdemokratische Partei der Schweiz
SVP	Schweizerische Volkspartei
WEF	Wohneigentumsförderung
WEFG	Bundesgesetz über die Wohneigentumsförderung mit Mitteln der beruflichen Vorsorge
WEFV	Verordnung über die Wohneigentumsförderung mit Mittel der beruflichen Vorsorge
WEG	Wohnbau- und Eigentumsförderungsgesetz
ZWEX	Zürcher Wohneigentumsindex

1 Einleitung

Die nachfolgenden einleitenden Worte sind in vier Abschnitte gegliedert. Sie beschreiben die der Arbeit zugrunde liegende Problemstellung, die Forschungsfragen welche durch diese Thesis geklärt werden sollen, sowie die Ziele, die Vorgehensweise und die inhaltlichen Schwerpunkte der vorliegenden Bachelorthesis.

1.1 Problemstellung

Um sich in der Schweiz den Traum vom Eigenheim zu verwirklichen, benötigt man eine hohe Summe an Kapital. Für ein Einfamilienhaus in der Region Zürich muss durchschnittlich 1 Million Franken ausgegeben werden. Diese hohen Preise sowie die gute Qualität der Mietangebote wirken sich auf die Wohneigentumsquote aus. Im Vergleich mit den europäischen Ländern besitzt die Schweiz am wenigsten Eigenheimbesitzer.

Der Bund hat gemäss der Schweizerischen Bundesverfassung die Aufgabe, den Erwerb von Wohneigentum für den Eigenbedarf von Privatpersonen zu fördern. Ein Instrument welches dafür per 1. Januar 1995 in Kraft gesetzt wurde, ist die Wohneigentumsförderung mit Mitteln der beruflichen Vorsorge. Dabei besteht die Möglichkeit sein angespartes Altersguthaben vorzeitig zu beziehen oder zu verpfänden. Eine kurze Erklärung zu den beiden möglichen Varianten:

Vorbezug

Mit einem Vorbezug darf das vorhandene Altersguthaben vor Erreichen der ordentlichen Pensionierung (Stand 2013: Frauen 64, Männer 65) aus der Pensionskasse ausbezahlt werden, um sich damit ein selbstbewohntes Eigenheim zu finanzieren.

Verpfändung

Anstelle des Vorbezugs kann der Versicherte sein Altersguthaben auch bei einem Kapitalgeber von Hypotheken verpfänden. Durch die Verpfändung des Altersguthabens profitiert die versicherte Person in der Regel von einem Vorzugszins für die Hypothek, da diese als Sicherheit dient. In der Regel gewähren Kreditgeber eine höhere Belehnung von 90% gegenüber den üblichen 80% des Wohneigentums. Problematisch wird die Verpfändung des Altersguthabens, wenn der Kreditnehmer seiner Zahlungspflicht gegenüber dem Kreditgeber nicht mehr nachkommen kann und das Altersguthaben verwertet wird.

Diese Möglichkeiten bergen jedoch nicht nur die Chance für einen Eigenheimerwerb, sondern im Gegenzug auch Risiken welche die Vorsorge und somit die Lebenshaltungskosten der versicherten Personen beeinträchtigen können.

Laufende Schlagzeilen in den Medien deuten darauf hin, dass das System der Wohneigentumsförderung mit Vorsorgegeldern aus der 2. Säule umstritten ist. Dies zeigt auch die neuste Änderung der Selbstregulierung der Schweizerischen Bankiervereinigung. Diese Regulierung ist per 1. Juli 2012 in Kraft getreten und setzt erstmals Vorgaben für die Mindesteigenmittel von Kreditnehmern und die Pflicht zur Rückzahlung.

Die aktuell tiefen Hypothekarzinsen und die Unterstützung der Finanzierung durch Mittel der beruflichen Vorsorge können falsche Anreize für einen Immobilienkauf bewirken. Die nachhaltige Tragbarkeit des Eigenheims, damit sind die Nebenkosten und Amortisationskosten zu verstehen, muss in Relation mit dem regelmässigen Einkommen des Versicherten übereinstimmen. Wird ein Vorbezug von Freizügigkeitsleistungen getätigt, verringert dies die voraussichtliche Altersrente. Wer sich dazu entscheidet, ein Eigenheim zu erwerben, muss zusätzlich zukünftige Veränderungen und Einflüsse berücksichtigen.

Bei einer Investition der Vorsorgegelder in ein Eigenheim wird normalerweise damit gerechnet, dass das Wohneigentum nachhaltig ist und im Wert steigt. Aufgrund dieser Annahme besteht bei einer Verwertung des Wohneigentums kein finanzieller Engpass um die Hypothek und die vorbezogenen Vorsorgegelder zurück zu zahlen. In der vorliegenden Arbeit soll diese Annahme anhand bisheriger Preis- und Hypothekarzinsentwicklungen genauer betrachtet werden.

Es bestehen weitere Risiken bei der Investition des Vorbezugs in ein Eigenheim, so zum Beispiel der mögliche Zusammenbruch des Immobilienmarktes. In diesem Fall kann das erworbene Objekt an Wert verlieren, wodurch zum Beispiel eine Rückzahlung des Vorbezuges an die Pensionskasse nicht mehr zu 100% gewährleistet werden kann.

1.2 Fragestellungen

Die vorliegende Arbeit soll auf Grund von öffentlich bekannten Daten über die Verwendung des Altersguthabens aus der beruflichen Vorsorge für die Wohneigentumsförderung aufzeigen, welche Personengruppen in welcher Höhe Vorbezüge tätigen.

Anhand der durchschnittlichen Zahlenwerte von den beanspruchten Vorbezügen und Verpfändungen der beruflichen Vorsorgemittel, sollen folgende Fragestellungen anhand eines Beispiels veranschaulicht und thematisiert werden:

- Wie viele WEF-Vorbezüge und Rückzahlungen wurden seit der Einführung des Modells durchgeführt?
- Wie wird das Modell auf politischer Ebene akzeptiert?
- Wie ist die Haltung von verschiedenen Stakeholdern gegenüber dem Modell der Wohneigentumsförderung?
- Welche Vor- und Nachteile des Modells haben diese Stakeholdergruppen?
- Wie viele Eigenheime wurden mit Mitteln der beruflichen Vorsorge finanziert?
- Wie wirkt sich ein Vorbezug auf die Alters-, Invaliden- und Hinterlassenenleistungen aus?
- Welche Faktoren müssen zusätzlich bei einem Vorbezug berücksichtigt werden?
- Wie entwickelte sich der Immobilienmarkt seit Einführung der Wohneigentumsförderung mit Mitteln der beruflichen Vorsorge?
- Was muss bei einem Kauf von Wohneigentum beachtet werden?
- Wie hoch war die Performance der Wertsteigerung einer Immobilie und die Verzinsung der Altersguthaben in den letzten 10 Jahren?
- Wie könnten sich die Immobilienpreise und die Verzinsung der Altersguthaben zukünftig entwickeln?

Diese Fragen sollen durch diese Arbeit geklärt und beantwortet werden. Das daraus resultierende Fazit sowie zusätzliche Analysen und Berechnungen sollen zu einer optimalen Empfehlung für den Versicherten zur Nutzung des Modells der Wohneigentumsförderung führen.

1.3 Ziele und methodisches Vorgehen

Zu Beginn dieser Arbeit wird ein Grobkonzept aufgestellt mit einer Gliederung und Aufstellung des Inhaltes dieser Bachelorthesis. Im Fokus liegen dabei die vorangehenden Fragestellungen, welche es zu beantworten und zu klären gilt.

Die Arbeit ist in fünf Teile gegliedert. Zu Beginn erfolgt die Einleitung um eine Übersicht über das ganze Thema zu erhalten. Danach folgen der Theorieteil, ein praktischer Teil und die daraus resultierende Schlussfolgerung. Die Arbeit wird durch ein Fazit sowie persönliche Empfehlungen abgerundet.

Im theoretischen Teil werden die bestehenden Literaturen detailliert untersucht und die für diese Arbeit relevanten Themen erfasst. Dabei werden die gesetzlichen Rahmenbedingungen niedergeschrieben und die Möglichkeiten der Wohneigentumsförderung mit Mitteln der beruflichen Vorsorge eruiert. Kapitel 2.1 und 2.2 sollen die Basis bilden, damit das Modell der Wohneigentumsförderung und die berufliche Vorsorge verstanden werden.
Weiter wird in diesem Abschnitt mittels öffentlich zugänglichen Daten die Häufigkeit der Beanspruchung der Verpfändung und des Vorbezugs der Freizügigkeitsleistungen behandelt. Zudem wird untersucht, für welchen Zweck die Freizügigkeitsleistungen verwendet werden.
Anhand konkreter Beispiele wird im Kapitel 2.4 der Vorbezug und die Verpfändung der Altersguthaben erklärt und deren Auswirkung auf die Vorsorgeleistungen.
Da bei einer Verwendung der Freizügigkeitsleistungen für selbstgenutztes Wohneigentum die Eigenheimpreise und die Hypothekarzinsen eine bedeutende Rolle spielen, wird darauf in Kapitel 2.5 und 2.6 genauer eingegangen.

Für den praktischen Teil wird eine Gegenüberstellung der Vor- und Nachteile aus verschiedenen Sichten der Stakeholder, welche im Prozess der Wohneigentumsförderung mit Mitteln der beruflichen Vorsorge in Berührung kommen, aufgestellt.
Um die Performance einer Immobilie gegenüber der Verzinsung des Altersguthabens zu verdeutlichen, wird eine Berechnung der letzten 10 Jahren aufgezeigt. Da zukünftige Entwicklungen des Immobilienmarktes oder der Verzinsung der Vorsorgegelder und des Fremdkapitals nicht vorhersehbar sind, werden drei Szenarien aufgestellt, welche aufzeigen sollen, wann es sinnvoll ist, einen Vorbezug zu tätigen und wann nicht.

Mittels einer Fragebogenerhebung bei Pensionskassen, Fremdkapitalgeber und Immobilienfirmen, soll die Haltung dieser Stakeholder gegenüber dem Modell der Wohneigentumsförderung mit Mitteln der beruflichen Vorsorge erfasst werden.

1.4 Inhaltliche Schwerpunkte

Mit dieser Arbeit soll das Modell der Wohneigentumsförderung mit Mitteln der beruflichen Vorsorge genauer aufgezeigt werden. Es soll hervorgehen, wie häufig und für welche Zwecke das Modell der Wohneigentumsförderung mit Mitteln der beruflichen Vorsorge, seit Einführung von diesem Bundesbeschluss 1995, beansprucht wurde.

Die Ansichten und Empfindungen der verschiedenen Stakeholder zur Möglichkeit der Wohneigentumsförderung aus der 2. Säule sollen erfasst und analysiert werden. Zusätzlich werden die Vor- und Nachteile der verschiedenen Möglichkeiten tabellarisch festgehalten und aufgezeigt.

Durch Simulationen über die letzten zehn Jahre und anhand von Szenarien über die nächsten zehn Jahre werden die Modelle der Verpfändung und des Vorbezugs untersucht. Ziel ist es, die Performance des Immobilienmarktes gegenüber der Verzinsung des Altersguthabens bei einer Vorsorgeeinrichtung gegenüber zu stellen. Da die Eigenheimpreise regional abhängig sind, wird sich diese Arbeit auf die Region Zürich beschränken.

Mit der Schlussfolgerung soll eine Empfehlung an das Modell der Wohneigentumsförderung gegeben werden.

2 Theorie

Durch eingehende Literaturrecherchen wird nachgelesen, wie viel bereits über dieses Thema geschrieben wurde. Durch Heranziehen von durchgeführten Befragungen, Studien und Fachbüchern soll eine Grundlage für das nötige Wissen, welches für das Verstehen dieser Arbeit vorhanden sein soll, geschaffen werden.

2.1 Geschichte und Bestimmungen der beruflichen Vorsorge

Nachstehender Abschnitt zeigt die Entstehung der beruflichen Vorsorge auf. Um dieses System zu verstehen, werden hier die wichtigsten Bestandteile der beruflichen Vorsorge anhand der gesetzlichen Bestimmungen aufgezeigt.

2.1.1 Entstehung der beruflichen Vorsorge

Durch die Industrialisierung entstand im 19. Jahrhundert die erste berufliche Vorsorge. Zum Schutz der Arbeiter und ihrer Hinterlassenen, bauten grössere Fabriken und Bahnen erste Einrichtungen ein. In der Folge wurde 1916 im Arbeitsvertragsrecht festgehalten, dass die berufliche Vorsorge von der Steuerpflicht befreit wurde.[1]

1985 trat das erste Gesetz über die obligatorische berufliche Vorsorge in Kraft. Diese Vorsorge bildet die heutige Alters-, Hinterlassenen und Invalidenvorsorge. Im Zusammenhang mit der beruflichen Vorsorge spricht man von der 2. Säule, welche ein Bestandteil des Schweizerischen 3-Säulen Vorsorgekonzepts ist.[2]

Die berufliche Vorsorge soll zusammen mit der 1. Säule, welche die Alters- und Hinterlassenen- und Invalidenversicherung sowie die Ergänzungsleistungen beinhaltet, nach der Pensionierung den bisherigen Lebensstandard in angemessener

---

[1] Bundesamt für Sozialversicherungen 2010, Faktenblatt 1985 – 2010: 25 Jahre BVG, in: http://www.pv-axpo-nok.ch/downloads/dfb25jahrebvg.pdf, 21.08.2013

[2] Bundesamt für Sozialversicherungen 2010, Faktenblatt 1985 – 2010: 25 Jahre BVG, in: http://www.pv-axpo-nok.ch/downloads/dfb25jahrebvg.pdf, 21.08.2013

Weise weiter ermöglichen. Ziel ist es, zusammen mit der 1. Säule ein Renteneinkommen von 60% des ursprünglichen Lohnes zu erhalten.[3] Die dritte und letzte Säule basiert auf dem freiwilligen Sparen der Privatperson.

2.1.2 Gesetzliche Bestimmungen BVG

Anschliessender Abschnitt erklärt die wichtigsten Komponenten der gesetzlichen Bestimmungen des Bundesgesetzes über die berufliche Alters-, Hinterlassenen- und Invalidenvorsorge.

2.1.2.1 Beitragspflichtige

Arbeitnehmer, welche das 17. Altersjahr überschritten haben und ein Jahreseinkommen von mehr als 21'060 Franken erhalten, sind obligatorisch in der beruflichen Vorsorge durch den Arbeitgeber versichert.[4]

2.1.2.2 Beiträge

Ab dem vollendeten 17. Altersjahr werden Beiträge für die Risiken Tod und Invalidität bezahlt und ab dem vollendeten 24. Altersjahr werden noch zusätzlich Beiträge für das Alter geleistet.[5]

Die Beiträge für die Altersgutschriften ändern sich alle zehn Jahre. Die Sparskala sieht wie folgt aus:

Altersjahr	Ansatz in Prozenten des versicherten Lohnes
25 – 34	7
35 – 44	10
45 – 54	15
55 – 65	18

Tabelle 1: Sparskala der Altersgutschriften
Quelle: vgl. Art. 16 BVG

[3] Bundesamt für Sozialversicherungen 2013, Sinn und Zweck der beruflichen Vorsorge, in: http://www.bsv.admin.ch/themen/vorsorge/00039/00335/index.html?lang=de&print_style=yes, 21.08.2013
[4] vgl. Art. 2 Abs. 1 BVG
[5] vgl. Art. 7 Abs. 1 BVG

Aufgrund dieser Sparskala bilden sich die Freizügigkeitsleistungen.

Beispiel: Ein 37 Jähriger Mann, mit einem versicherten Jahreslohn von CHF 45'500 spart demnach in der beruflichen Vorsorge jährlich CHF 4'550.

2.1.2.3 Altersleistungen

Der vorangehende Sparprozess endet per ordentlichem Rentenalter (Stand 2013: Frauen 64 und Männer 65). Das angehäufte Sparguthaben bildet die Basis für die Berechnung der Altersrente welches mit dem vom Bundesrat festgelegten Umwandlungssatz multipliziert wird. Aktuell beträgt der Mindestumwandlungssatz 6.8%.[6]

Der Ursprüngliche Umwandlungssatz betrug 7.2% und wurde durch die steigende Lebenserwartung Schrittweise auf 6.8% gesenkt. Im Jahr 2010 wurde über eine weitere Senkung des Umwandlungssatze auf 6.4% abgestimmt. Die Mehrheit der Stimmberechtigten hat sich jedoch gegen eine Anpassung ausgesprochen.[7] Eine Senkung des Umwandlungssatzes würde zusätzlich eine Senkung der Alters-, der Invaliden- und Hinterlassenenleistung bedeuten.

Beispiel: Die Berechnung der Altersrente für einen 65-jährigen Mann mit einem Altersguthaben von CHF 500'000.
Jährliche Altersrente: CHF 500'000 * 6.8% = CHF 34'000

2.1.2.4 Hinterlassenenleistung

Wenn der Versicherte stirbt erhält der überlebende Ehegatte eine Witwen- oder Witwerrente. Vorausgesetzt wird jedoch, dass der überlebende Ehegatte für den Unterhalt von mindestens einem Kind aufkommt oder die Person älter als 45 Jahre ist und die Ehe mindestens fünf Jahre gedauert hat. Werden diese Voraussetzungen nicht erfüllt, hat der überlebende Ehegatte Anspruch auf eine einmalige Abfindung in der Höhe von drei Jahresrenten.[8]

---

[6] vgl. Art. 13 und 14 BVG

[7] Bundesamt für Sozialversicherungen 2013, Berufliche Vorsorge: Anpassung des Mindestumwandlungssatzes – Eidg. Volksabstimmung vom 7. März 2010, in: http://www.bsv.admin.ch/dokumentation/gesetzgebung/00092/02715/?lang=de, 10.10.2013

[8] vgl. Art. 19 Abs. 1 und 2 BVG

Hinterlässt der Verstorbene Kinder, haben diese Anspruch auf eine Waisenrente bis zur Vollendung des 18. Altersjahres oder bis zur Vollendung des 25. Altersjahres falls diese noch in der Ausbildung sind.[9]

Die Höhe der Witwen- oder Witwerrente beträgt 60%, die Waisenrente 20% der vollen Invalidenrente beziehungsweise der laufenden Altersrente.[10]

2.1.2.5 Invalidenleistung

Eine versicherte Person hat Anspruch auf Invalidenleistungen, wenn sie im Sinne der IV zu mindestens 40% invalid ist und bei Eintritt der Arbeitsunfähigkeit versichert war.[11]

Für die Berechnung der Invalidenrente wird mit dem gleichen Umwandlungssatz, wie für die Altersrente beim ordentlichen Pensionsalter, gerechnet. Dazu wird die Summe des verzinsten Altersguthaben bis zum Eintritt der Invalidität und die unverzinsten Altersgutschriften bis zur Pensionierung verwendet.[12]

2.1.2.6 Einkäufe

Der Versicherte hat die Möglichkeit, freiwillige Zuzahlungen, welche an das Altersguthaben angerechnet werden, zu tätigen. Dies ist bis zur reglementarischen Höhe möglich.[13] Die Einzahlungen dürfen von dem steuerbaren Einkommen vollumfänglich abgezogen werden.

Durch Einkäufe werden nicht nur die Altersleistungen sondern auch die Invaliden- und Hinterlassenenleistungen erhöht.

Nach einem Einkauf dürfen die Leistungen erst nach drei Jahren in Kapitalform bezogen werden. Solange bleibt das Kapital gesperrt.[14]

---

[9] vgl. Art. 22 Abs. 3 BVG
[10] vgl. Art. 21 BVG
[11] vgl. Art. 23 BVG
[12] vgl. Art. 24 Abs. 3 BVG
[13] vgl. Art. 79b Abs. 1 BVG
[14] vgl. Art. 79b Abs. 3 BVG

Falls Vorbezüge für die Wohneigentumsförderung getätigt wurden, müssen diese zuerst zurückbezahlt werden. Erst nach vollständiger Rückzahlung gilt eine Zuzahlung wieder als Einkauf und der Versicherte profitiert von den steuerlichen Folgen.[15]

2.1.2.7 Mindestzins in der beruflichen Vorsorge

Die Altersgutschriften werden jährlich mit einem Zins, welcher vom Bundesrat vorgegeben wird, verzinst. Der Bundesrat überprüft diesen Mindestzinssatz alle zwei Jahre und passt ihn entsprechend an.[16]

Der Mindestzinssatz für das Jahr 2014 beträgt 1.75%. Dies ist eine leichte Steigerung gegenüber dem Jahr 2013 in welchem der Zins 1.5% betrug.

2.1.2.8 Kosten

Nicht die gesamten Beiträge der Versicherten fliessen in ihr Altersguthaben ein. Ein Teil ist für die Risikoleistungen und Verwaltungskosten bestimmt.

2.1.3 Zusammenfassung

Im Normalfall sollen die Rentenzahlungen aus der beruflichen Vorsorge dazu beitragen, dass die Rentenbezüger zusammen mit der 1. Säule in angemessener Weise Ihre Lebenshaltung weiterführen können.

Alle Rentenleistungen sind vom Umwandlungssatz abhängig. Dieser wurde in den letzten 8 Jahren von 7.2% auf 6.8% gesenkt. Dies bedeutet, je tiefer der Umwandlungssatz, desto tiefer die entsprechenden Leistungen.

Die jährlichen Altersgutschriften werden mit einem aktuellen Zinssatz von 1.75% verzinst. Ursprünglich lag der Mindestzinssatz bei 4% und musste durch die Kaptialmarktentwicklung und das immer höher werdende Alter der Versicherten angepasst werden.

[15] vgl. Art. 79b Abs. 3 BVG
[16] vgl. Art. 15 Abs. 1 und 3 BVG

Abschliessend soll noch ergänzt werden, dass die Vorsorgeeinrichtungen bis zu einer angemessenen Höhe die Vorsorgeleistungen zugunsten der versicherten Person verbessern dürfen. Die vorliegende Arbeit begrenzt sich jedoch auf das gesetzliche Minimum.

2.2 Wohneigentumsförderung mit Mitteln der beruflichen Vorsorge

Da sich die vorliegende Arbeit vor allem auf das Modell der Wohneigentumsförderung der beruflichen Vorsorge bezieht, werden im nachstehenden Kapitel die Entstehung dieser Möglichkeit und die regulatorischen Bestimmungen erläutert. Die früheren und aktuellen politischen Diskussionen sollen einen Einblick auf die Aktualität dieses Themas aufzeigen.

2.2.1 Gründe für Wohneigentumsförderung

Die Schweiz hat bis heute im Vergleich mit den Nachbarländern, eine tiefe Wohneigentumsquote. Diese Quote zeigt den Anteil aller benutzten Wohnungen und Einfamilienhäuser auf, welche von den Eigentümern selbst genutzt werden.[17] Vor allem in den städtischen Gebieten werden selbstgenutzte Wohnobjekte eher gemietet als gekauft. Grund dafür sind zum Beispiel die überdurchschnittlichen Landpreise, welche durch die Urbanisierung verursacht werden.[18] Die Bauhaupt- und Baunebenkosten sind in der Schweiz, gemessen am durchschnittlichen Haushaltseinkommen, relativ hoch. Für die tiefe Wohneigentumsquote sind aber auch der hohe Standard und die gute Qualität der Mietwohnungen verantwortlich, wodurch die Schweiz auch als „Land der Mieter" bezeichnet wird.[19] Laut einer Schriftenreihe des Bundesamts für Wohnungswesen (BWO) spielen weitere Faktoren eine bedeutende Rolle für die tiefe Quote. [20] Die Gründe dazu werden im Kapitel 2.5 genauer erläutert.

---

[17] vgl. Arnold René 2005, S. 12
[18] vgl. Gurtner Peter / von Deschwanden Leo 1993, S. 6
[19] vgl. Arnold René 2005, S. 9
[20] vgl. Hauri Ernst / Steiner Verena / Vinzens Martin 2006, S. 38

Das Stockwerkeigentum war nicht immer möglich. Erst seit 1965 ist es möglich, in einem Mehrfamilienhaus Wohneigentum zu bilden. Dadurch entstanden die ersten Eigentumswohnungen.[21]

Der Anteil an ausländischer Bevölkerung ist in der Schweiz hoch. Ende August 2013 betrug dieser 23,2% der gesamten schweizerischen Bevölkerung.[22] Ausländische Haushalte besitzen in der Schweiz oft weniger Eigentum, wodurch die schweizerische Wohneigentumsquote zusätzlich reduziert wird. [23]

Der finanzielle Aufwand um eine Immobilie zu erwerben ist in der Schweiz sehr hoch, wodurch es für viele schwierig wird den Traum vom Eigenheim zu ermöglichen. Per 1. Januar 1995 trat das Gesetz und die Verordnung über die Wohneigentumsförderung mit den Mitteln der beruflichen Vorsorge, abgekürzt WEFV, in Kraft. Diese Verordnung soll schlechter situierten Arbeitnehmern eine Möglichkeit bieten, ein Wohneigentum zu erwerben, welches sie sich ohne diese Unterstützung nicht leisten könnten. Dies soll dazu beitragen, die im internationalen Vergleich tiefe Wohneigentumsquote zu heben.[24]

Die folgende Grafik aus dem Jahr 2008 zeigt deutlich, dass die Schweiz im Vergleich zu den europäischen Ländern eine tiefe Wohneigentumsquote aufweist.

---

[21] vgl. ebenda S. 38
[22] vgl. Bundesamt für Migration 2013, Ausländerstatistik per Ende August 2013, in: http://www.pv-axpo-nok.ch/downloads/dfb25jahrebvg.pdf, 7.1.2014
[23] vgl. ebenda S. 38
[24] vgl. Schmid Hans 1995, S. 43

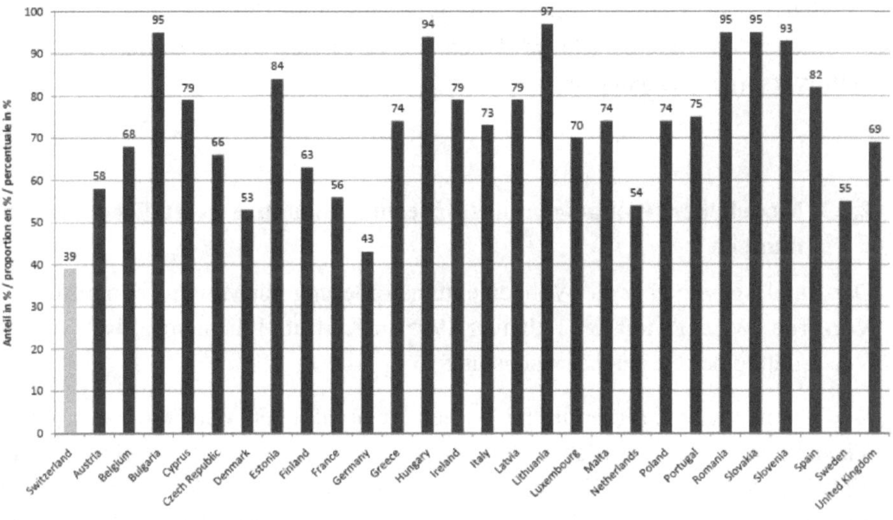

Abbildung 1: Wohneigentumsquote Schweiz – EU (2008)
Quelle: Bundesamt für Wohnungswesen

2.2.2 Entstehung der Förderungsinstrumente für Wohneigentumserwerb

Artikel 108 der Bundesverfassung der Schweizerischen Eidgenossenschaft besagt, dass der Bund den Wohnungsbau, den Erwerb von Wohnungs- und Hauseigentum, das dem Eigenbedarf Privater dient, sowie die Tätigkeit von Trägern und Organisationen des gemeinnützigen Wohnhauses, zu fördern hat.[25]

Per 1. Januar 1975 trat zur Konkretisierung des Artikels 34^{sexies} der Bundesverfassung das Wohnbau- und Eigentumsförderungsgesetz des Bundes (WEG) in Kraft. Das Ziel dieses Gesetzes ist es, die Anfangsbelastung für den Erwerb des Wohneigentums zu senken.[26]

Ein weiteres Förderungsinstrument um ein Wohneigentum zu erwerben, bietet der Rückkaufswert der gebundenen Selbstvorsorge.

---

[25] vgl. Art. 108 Abs. 1 BV
[26] vgl. Schulz Hans-Rudolf / Muggli Christoph / Hübschle Jörg 1993, S. 1

Da sich die vorliegende Arbeit auf die Wohneigentumsförderung mit Mitteln der beruflichen Vorsorge bezieht, wird nicht weiter auf das WEG oder die gebundene Selbstvorsorge eingegangen.

2.2.3 Modell der Wohneigentumsförderung und ihre gesetzliche Bestimmungen

Das Bundesgesetz über die Wohneigentumsförderung mit Mitteln der beruflichen Vorsorge (WEFG), trat am 1. Januar 1995 in Kraft und dient spezifisch für die Verwendung der Freizügigkeitsleistungen.

Die Wohneigentumsförderung mit Mittel der beruflichen Vorsorge bietet jedem Versicherten in der beruflichen Vorsorge, bzw. jedem der im Besitz einer Freizügigkeitspolice oder eines Freizügigkeitskontos ist, die Möglichkeit, den Bezug der angesparten Freizügigkeitsleistungen oder die Verpfändung dieser Mittel. Ein Freizügigkeitskonto beziehungsweise eine Freizügigkeitspolice wird dann erstellt, wenn eine versicherte Person nicht mehr obligatorisch Pensionskassenbeiträge leisten muss. Dadurch wird er vom Arbeitgeber bei der Pensionskasse abgemeldet und das angesparte Guthaben wird auf eine Freizügigkeitspolice oder -konto übertragen. Die Gelder bleiben grundsätzlich bis zur Pensionierung gesperrt oder werden bei einem Wiedereintritt in einen Pensionskassenvertrag übertragen.

2.2.3.1 Zulässiger Verwendungszweck

„Die Mittel der beruflichen Vorsorge dürfen nur für ein Objekt verwendet werden und zwar für:

a. Erwerb und Erstellung von Wohneigentum

b. Beteiligung am Wohneigentum;

c. Rückzahlung von Hypothekardarlehen“[27]

[27] Art. 1 Abs. 1 WEFV

2.2.3.2 Mindestbetrag und zeitliche Begrenzung

Der Mindestbetrag für den Vorbezug beträgt CHF 20'000 und kann alle fünf Jahre geltend gemacht werden. Bis zum Alter 50 kann der Versicherte sein ganzes Kapital beziehen. Sobald die versicherte Person dieses Alter erreicht hat, kann er das Kapital, welches er im Alter 50 besass oder die Hälfte des aktuellen Altersguthaben, wenn dieses grösser ist als im Alter 50, beziehen.[28]

Diese Regelung gilt auch für die Höhe der Verpfändung.

Wenn die Freizügigkeitsleistungen vom Versicherten zum Erwerb von Wohneigentum vorbezogen werden, werden diese nicht an die versicherte Person ausbezahlt, sondern direkt an den Verkäufer, Ersteller oder an den Darlehensgeber.[29]

2.2.3.3 Rückzahlung

Verkauft der Versicherte sein Wohneigentum oder wird es nicht mehr gemäss den Bestimmungen der WEFV vor Erreichen der Pensionierung genutzt, ist er verpflichtet, den Vorbezug der Vorsorgeeinrichtung zurück zu bezahlen.

Der versicherten Person steht es offen, den Vorbezug freiwillig, ohne dass das Wohnobjekt veräussert wird, der Vorsorgeeinrichtung zurück zu zahlen. Dadurch schliessen sich die durch den Vorbezug entstandenen Leistungslücken.

Ein Einkauf ist ein weiterer Grund, welcher für eine freiwillige Rückzahlung spricht. Die Auswirkungen und Gründe dazu wurden bereits in Kapitel 2.1.2 erklärt.

2.2.4 Auswirkung des Vorbezugs auf die Vorsorgeleistungen des Versicherten

Durch einen Vorbezug werden entsprechend die Vorsorgeleistungen im gleichen Umfang gekürzt. Der Versicherte hat jedoch die Möglichkeit, diese Leistungslücken über eine Zusatzversicherung zu schliessen oder bis zur Pensionierung den Vorbezug zurück zu zahlen umso die Altersrente wieder zu erhöhen. Ein Nachteil des Vorbezugs für Wohneigentum ist, dass dieser Betrag während der Dauer, in

---

[28] vgl. Art. 5 WEFV
[29] vgl. Art. 6 Abs. 2 WEFV

welchem die Gelder nicht bei der Vorsorgeeinrichtung einbezahlt werden, nicht verzinst wurde. Das Kapitel 2.4.1 verdeutlicht mittels Beispielsberechnungen die Auswirkung eines solchen Falles auf die Vorsorgeleistungen.

2.2.5 Auswirkungen des Vorbezugs auf mögliche Veränderungen des Immobilienmarktes

Da die Immobilienpreise und die Hypothekarzinsen variabel sind, besteht die Gefahr, dass der Wert der Immobilie sinkt oder die Hypothekarzinsen signifikant steigen. Diese Veränderung kann dazu führen, dass der Eigenheimbesitzer die Wohnkosten nicht mehr tragen kann und dadurch das Eigenheim verkaufen muss. Falls gleichzeitig der Wert der Liegenschaft abgenommen hat, kann dies dazu führen, dass er die Immobilie unter dem Erwerbspreis veräussern muss. Somit könnte die Rückzahlung des Vorbezuges nicht mehr gewährleistet und dem Versicherten droht eine Vorsorgelücke.

2.2.6 Politische Diskussion zur Einführung der Wohneigentumsförderung

Als das Gesetz über die Wohneigentumsförderung nach einer langen Vorbereitungsphase und einigen Diskussionen mit Für- und Gegensprechern endlich in Kraft trat, waren viele davon überzeugt, dass sich dadurch die Situation in der beruflichen Vorsorge verändern würde. Sie hatten Angst, der Bezug der Freizügigkeitsleistungen könnte die Finanzierung der Vorsorgeeinrichtungen gefährden.[30] Dies hat sich jedoch, wie bisher gezeigt, nicht bewahrheitet.

2.2.6.1 Vorstudie zur Einführung der Wohneigentumsförderung

Im Forschungsbericht Nr.3/93 des Bundesamts für Sozialversicherung wurde vor der Einführung der neuen Verordnung eine Vorstudie gemacht, mit den möglichen Auswirkungen der Wohneigentumsförderung mit den Mitteln der beruflichen Vorsorge.

In diesem Forschungsbericht wurde aufgezeigt, dass sich mit dem Vorbezug der Gelder aus der 2. Säule die Wohneigentumsquote kaum wesentlich verändern wird.

---

[30] vgl. Hornung Daniel, Röthlisberger Thomas, Gurtner Rolf, Kläger Paul 2003, S. 5

Die Verfasser des Forschungsbericht gingen davon aus, dass sich in einer ersten Phase vor allem diejenigen Personen von der neuen gesetzlichen Regelung Gebrauch machen, welche bereits im Besitz von Wohneigentum sind. Der Grund dafür war, die Fremdfinanzierung zu reduzieren. Da zu dieser Zeit die Hypothekarzinssätze eher moderat waren, rechnete man mit einem geringen Ausmass der Inanspruchnahme der neuen Möglichkeit. [31]

Die Vorstudie zeigte zwar auf, dass die Gruppe der Mieter über das grösste Vorbezugspotential verfügt, zweifelte jedoch daran, dass diese über genügend finanzielle Mittel verfügen würden um die Hürde zum Erwerb von Wohneigentum überwinden zu können. Die Vorbezugsmöglichkeit sollte also in erster Linie ein Investitionsspielraum der Versicherten mit einem hohen Einkommen oder solcher welche bereits ein Eigenheim besitzen werden.[32]

Die Vorsorgeeinrichtungen würden kurzfristig mit einem markanten Kapitalabfluss rechnen müssen. Dieser würde sich nach den Schätzungen der Autoren dann aber in den ersten fünf Jahren nach Einführung der neuen Regelung in der Grössenordnung von jährlich CHF 3 bis 4 Milliarden bewegen. [33]

Ein bedeutsamer Effekt auf die Bau- und Immobilienmärkte wurde nicht erwartet, da jeder Mieter der sich zum Erwerb von Wohneigentum entschliesst, eine Wohnung im Mietsegment frei macht und dadurch der Bedarf an Wohnraum unverändert bleiben würde. Es wurde damit gerechnet, dass sich eher in der Struktur etwas ändern würde. Zukünftig würde es wohl mehr Einfamilienhäuser geben und weniger Mehrfamilienhäuser. Somit wurde vermutet, dass sich das gesamte Investitionsvolumen im Baumarkt ausdehnen würde, da ein Einfamilienhaus grössere Kosten aufweist als ein Mehrfamilienhaus.[34]

2.2.7 Aktuelle politische Diskussionen zum Modell der Wohneigentumsförderung

Nach der Umsetzung der Verordnung über die Wohneigentumsförderung mit Mitteln der beruflichen Vorsorge 1995, wurde dieses System regelmässig in Frage

[31] vgl. Wüest Hannes / Hofer Martin / Schweizer Markus 1994, S. 9
[32] vgl. ebenda, S. 8
[33] vgl. ebenda, S. 35
[34] vgl. ebenda, S. 29

gestellt. Einige Parteien sind der Meinung, dass Personen, welche einen Vorbezug getätigt haben, im Alter finanzielle Schwierigkeiten haben und dadurch vermehrt auf Ergänzungsleistungen angewiesen sein werden. Bis jetzt wurde diese Vermutung aber nicht belegt. Es ist jedoch unklar und schwierig zu beurteilen, ob solche finanzielle Schwierigkeiten auf Grund des Vorbezuges eintreten oder ob allenfalls noch weitere Aspekte in Betracht gezogen werden müssen.

Mit dem Beschluss der eidgenössischen Finanzmarktaufsicht vom 1. Juni 2012, wurde bereits eine Eingrenzung der Wohneigentumsfinanzierung vorgenommen. Dieser regelt die Mindestanforderung bei Hypothekarfinanzierungen sowie deren Amortisation.[35]

Die Mindestanforderungen legen fest, dass der Kreditnehmer mindestens 10% des Belehnungswertes des zu erwerbenden Eigenheims, nicht aus Verpfändung oder Vorbezug von Guthaben aus der 2. Säule beziehen darf.[36]

Durch den Beschluss per 1. Juni 2012 wird nun verlangt, dass die Hypothek innerhalb von 20 Jahren auf zwei Drittel des Belehnungswertes zurückbezahlt wird. Dadurch wird die Hypothekarbelastung stetig reduziert und die Tragbarkeit der Liegenschaft langfristig positiv beeinflusst.[37]

Das Institut für Finanzdienstleistungen Zug (IFZ) hat bereits mit einer Umfrage die Auswirkungen durch die Regulation der neuen Mindestanforderungen von mindesten 10% an harten Eigenmitteln ermittelt. Die Umfrageergebnisse besagen, dass durch die neuen regulatorischen Anforderungen 39% aller Personen, welche vor dem 1. Juli 2012 einen Vorbezug der Vorsorgegelder aus der 2. Säule getätigt haben, nun keine Hypothek erhalten würden. Auf das gesamte Hypothekarvolumen entspricht dies einem Anteil von 12%.[38]

---

[35] Bundesrat 2012, Bundesrätliches Paket zur Bankenregulierung, in: http://www.news.admin.ch/dokumentation/00002/00015/index.html?lang=de&msg-id=44781, 1.12.2013

[36] Bundesrat 2012, Bundesrätliches Paket zur Bankenregulierung, in: http://www.news.admin.ch/dokumentation/00002/00015/index.html?lang=de&msg-id=44781, 1.12.2013

[37] Eidgenössische Finanzmarktaufsicht FINAM 2012, Hypothekarfinanzierung: FINMA anerkennt neue Mindeststandards, in: http://www.finma.ch/d/aktuell/seiten/mm-hypo-richtlinien-20120601.aspx, 04.12.2013

[38] vgl. Seiler Zimmermann Yvonne 2012, S. 30

Im August 2012 wurde einen Bericht zur Zukunft der 2. Säule vom Eidgenössischen Departement des Innern EDI veröffentlicht. Dabei wurden verschiedene politische Parteien, wirtschaftliche Dachverbände sowie Organisationen und Durchführungsstellen der 2. Säule befragt. Wesentlich für diese Arbeit sind die Fragen bezüglich der Vorbezüge aus der beruflichen Vorsorge.[39]

Auf die Frage, ob die geltende Regelung der Kapitalbezüge aus der beruflichen Vorsorge beibehalten werden soll oder nicht, ist die Mehrheit der Befragten dafür. Die Schweizerische Volkspartei (SVP) sieht keine Gefährdung für das System der beruflichen Vorsorge. Die Sozialdemokratische Partei der Schweiz (SP) hingegen ist für eine Änderung der bestehenden Regelung über die vorzeitige Verwendung der Freizügigkeitsleistungen. Sie sieht eine Gefahr von unerwünschten Auswirkungen durch den Kapitalbezug.[40]

Die Befragung des Eidgenössischen Departements des Innern (2012) zeigt auf, dass die Mehrheit gegen eine Einschränkung auf die Verwendung der obligatorischen Altersguthaben ist. Gründe gegen diese Massnahme sind soziale Aspekte. Falls nur das überobligatorische Altersguthaben bezogen werden darf, werden die Versicherten mit einem tiefen bis durchschnittlichen Einkommen benachteiligt, da dieses Segment eher weniger im überobligatorischen Bereich BVG-Guthaben ansparen kann. Falls das obligatorische Altersguthaben nicht mehr angetastet wer-

[39] Eidgenössische Departement des Innern 2012, Bericht zur Zukunft der 2. Säule, in: http://www.bsv.admin.ch/dokumentation/gesetzgebung/01839/03178/index.html?lang=de&download=NHzLp-Zeg7t,lnp6I0NTU042l2Z6ln1acy4Zn4Z2qZpnO2Yuq2Z6gpJCEdH95hGym162epYbg2c_JjKbNoKSn6A--, 01.12.2013

[40] Eidgenössische Departement des Innern 2012, Bericht zur Zukunft der 2. Säule, in: http://www.bsv.admin.ch/dokumentation/gesetzgebung/01839/03178/index.html?lang=de&download=NHzLp-Zeg7t,lnp6I0NTU042l2Z6ln1acy4Zn4Z2qZpnO2Yuq2Z6gpJCEdH95hGym162epYbg2c_JjKbNoKSn6A--, 01.12.2013

den kann, werden die Schwellenhaushalte nicht mehr in der Lage sein, Wohneigentum zu erwerben.[41] Als Schwellenhaushalt werden diejenigen Personen bezeichnet, welche über ein ausreichendes Einkommen verfügen, jedoch zu wenige Eigenmittel für einen Immobilienerwerb besitzen.[42]

Eine weitere Möglichkeit, die Wohneigentumsförderung mit Mitteln der beruflichen Vorsorge zu beschränken ist, dass nur das Kapital bis Alter 40 bezogen werden darf anstatt wie bis anhin bis Alter 50. Rund zwei Drittel der Befragten aus dem Bericht zur Zukunft des EDI (2012) sind gegen diese Regulierung. Das Hauptargument der Befürworter dieser neuen Altersgrenze bezieht sich darauf, dass die 2. Säule nicht als politisches Instrument für die Wohneigentumsförderung eingesetzt werden soll sondern sich dem Versicherungsgedanken widmen soll. Die Parteien, welche gegen diese Änderung sind sehen das Problem, dass dadurch unter anderem dem Artikel 108 der Bundesverfassung nicht mehr genügend Gewichtung gegeben wird. Das Altersguthaben bis zum 40. Lebensjahr ist in der Regel nicht sehr gross, insbesondere bei Personen, welche eine längere Ausbildung absolvierten und dadurch später die Erwerbstätigkeit aufgenommen haben.[43] 85% der Befragten sind sich einig, dass eine Abschaffung des Kapitalbezugs aus der beruflichen Vorsorge keine Option ist.[44]

2.2.8 Zusammenfassung

Im internationalen Vergleich besitzt die Schweiz immer noch eine sehr tiefe Wohneigentumsquote. Für diese tiefe Quote spielen verschiedene Faktoren eine

---

41 Eidgenössische Departement des Innern 2012, Bericht zur Zukunft der 2. Säule, in: http://www.bsv.admin.ch/dokumentation/gesetzgebung/01839/03178/index.html?lang=de&download=NHzLp-Zeg7t,lnp6I0NTU042l2Z6ln1acy4Zn4Z2qZpnO2Yuq2Z6gpJCEdH95hGym162epYbg2c_JjKbNoKSn6A--, 01.12.2013

42 vgl. Manz Matthias 2002, S.34

43 Eidgenössische Departement des Innern 2012, Bericht zur Zukunft der 2. Säule, in: http://www.bsv.admin.ch/dokumentation/gesetzgebung/01839/03178/index.html?lang=de&download=NHzLp-Zeg7t,lnp6I0NTU042l2Z6ln1acy4Zn4Z2qZpnO2Yuq2Z6gpJCEdH95hGym162epYbg2c_JjKbNoKSn6A--, 01.12.2013

44 Eidgenössische Departement des Innern 2012, Bericht zur Zukunft der 2. Säule, in: http://www.bsv.admin.ch/dokumentation/gesetzgebung/01839/03178/index.html?lang=de&download=NHzLp-Zeg7t,lnp6I0NTU042l2Z6ln1acy4Zn4Z2qZpnO2Yuq2Z6gpJCEdH95hGym162epYbg2c_JjKbNoKSn6A--, 01.12.2013

wesentliche Rolle. Der Bund möchte mit Förderungsinstrumenten der Bevölkerung die Möglichkeit geben, ein Eigenheim zu erwerben wodurch die Wohneigentumsquote angehoben werden soll. Die Eigentumsquote stieg von 1990 bis 2011 um 5.5%.[45] Dieser Anstieg wurde unter anderem durch das Modell der Wohneigentumsförderung mit Mitteln der beruflichen Vorsorge angetrieben. Im Kapitel 2.6.3.3 in dieser Arbeit wird auf die Hypothekarzinsentwicklung eingegangen, welche ebenfalls eine bedeutende Rolle für den Erwerb von Wohneigentum spielt.

Das nachstehende Kapitel zeigt auf, dass das Modell der Wohneigentumsförderung mit Mitteln der beruflichen Vorsorge rege genutzt wird. Die neusten Einschränkungen, welche durch die Mindestanforderungen von 10% Eigenmitteln im Jahr 2012 eingeführt wurden, und die aktuellen politischen Diskussionen zeigen jedoch, dass das Modell einigen Parteien und Institutionen ein Dorn im Auge ist.

Die neuesten Änderungsvorschläge des Bundesrates sehen vor, dass zum Beispiel nur das überobligatorische Altersguthaben genutzt werden darf oder das Guthaben anstatt bis zum Alter 50 nur noch bis zum Alter 40 bezogen werden kann. Eine generelle Abschaffung der Wohneigentumsförderung wird jedoch nicht debattiert.

Folgende Schlagzeilen zeigen auf, dass auch in Printmedien die Idee der Wohneigentumsförderung immer wieder für Diskussionen sorgt. So findet man immer wieder Berichte wie: „2. Säule: Die Stütze fürs Eigenheim“[46], „Pensionskassengeld: Schlechte Gründe gegen den Vorbezug“[47] oder „Wohneigentumsförderung gibt falsche Anreize zum Immobilienkauf“[48].

---

[45] Schweizerische Eidgenossenschaft 2013, Wohneigentumsquote, in: http://www.bfs.admin.ch/bfs/portal/de/index/themen/09/03/blank/key/bewohnertypen/nach_region.html, 27.12.2013

[46] Beobachter 2006, 2. Säule: Die Stütze fürs Eigenheim, in: http://www.beobachter.ch/fileadmin/user_upload/media/kompakt/20-06-17-wohneigentum.pdf, 10.12.2013

[47] Tappeiner Harald 2012, Pensionskassengeld: Schlechte Gründe gegen den Vorbezug, in: http://www.ktipp.ch/artikel/d/pensionskassengeld-schlechte-gruende-gegen-den-vorbezug/, 10.12.2013

[48] Hertzog Werner 2011, Wohneigentumsförderung gibt falsche Anreize zum Immobilienkauf, in: http://www.nzz.ch/aktuell/wirtschaft/uebersicht/wohneigentumsfoerderung-gibt-falsche-anreize-zum-immobilienkauf-1.12075087, 10.12.2013

2.3 Statistik über die Vorbezüge der beruflichen Vorsorge

Im folgenden Abschnitt wird untersucht, wie oft das Modell der Wohneigentumsförderung mit Mitteln der beruflichen Vorsorge genutzt wird. Es soll hervorgehen, welche Alters- und Einkommensgruppen dieses Modell am meisten nutzen. Für die Analyse werden grundsätzlich die öffentlichen Statistiken und Daten des Bundes verwendet.

2.3.1 Höhe und Häufigkeit der getätigten Bezüge für die Wohneigentumsförderung aus der 2. Säule

Gemäss Bundesamt für Sozialversicherungen BSV werden pro Jahr rund 35‘000 Vorbezüge in der Höhe von insgesamt rund CHF 2,6 Milliarden getätigt. Durchschnittlich liegt der Vorbezug bei CHF 77‘000. Am häufigsten beziehen Männer im Alter zwischen 40 bis 44 und Frauen von 35 bis 39 Vorsorgegelder aus der beruflichen Vorsorge für den Kauf einer Immobilie.

Folgende Grafik zeigt die Unterteilung der Bezüger in Altersgruppen und nach Geschlecht im Jahr 2008.

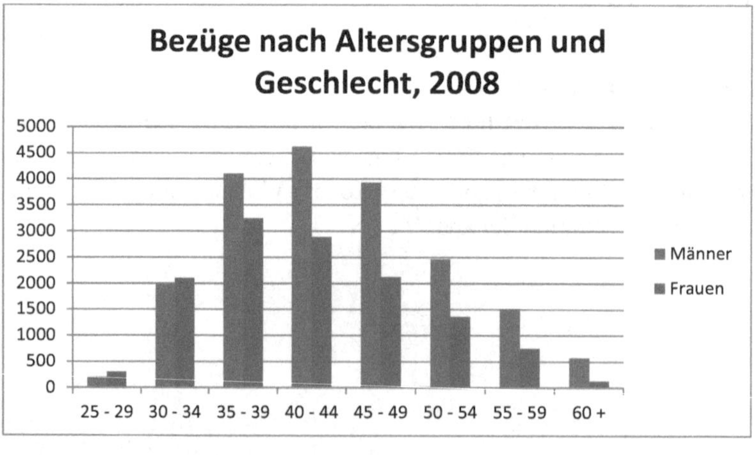

Abbildung 2: Bezüge nach Altersgruppen und Geschlecht, 2008
Quelle: Méry Jacques 2010, Statistik über die Vorbezüge von Geldern der beruflichen Vorsorge im Rahmen der Wohneigentumsförderung, in: http://www.bsv.admin.ch/dokumentation/zahlen/00093/00460/index.html?lang=de&download=NHzLpZeg7t,lnp6I0NTU042l2Z6ln1acy4Zn4Z2qZpnO2Yuq2Z6gpJCDfYR2f2ym162epYbg2c_JjKbNoKSn6A--, 10.10.2013

Wie aus der Grafik hervorgeht, beanspruchen Personen zwischen 35 und 49 Jahren am häufigsten Vorbezüge. Dies entspricht somit in etwa einem durchschnittlichen Alter von 45 Jahren, in welchem am häufigsten Wohneigentum gekauft wird.[49]

Die nachstehende Grafik aus dem Bericht über die statistische Auswertung von WEF-Vorbezugsdaten veranschaulicht die Bezüge vom Jahr 2008 getrennt nach Geschlecht.

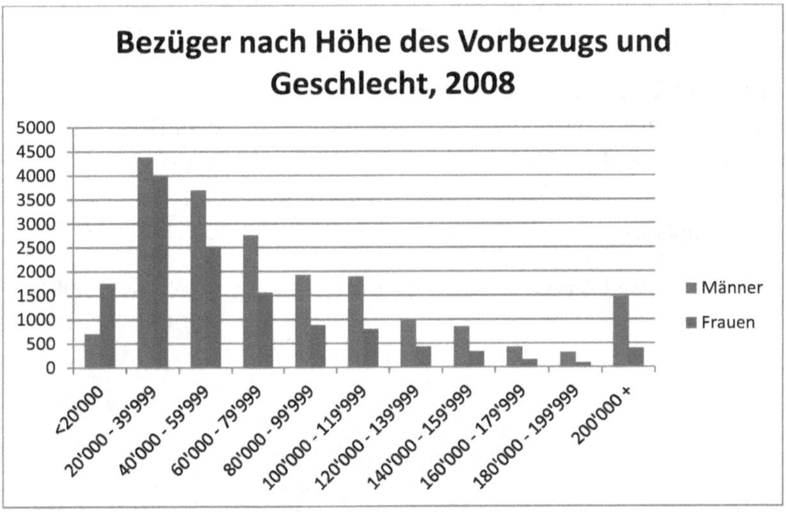

Abbildung 3: Bezüger nach Höhe des Vorbezugs und Geschlecht, 2008
Quelle: Méry Jacques 2010, Statistik über die Vorbezüge von Geldern der beruflichen Vorsorge im Rahmen der Wohneigentumsförderung, in: http://www.bsv.admin.ch/dokumentation/zahlen/00093/00460/index.html?lang=de&download=NHzLpZeg7t,lnp6I0NTU042l2Z6ln1acy4Zn4Z2qZpnO2Yuq2Z6gpJCDfYR2f2ym162epYbg2c_JjKbNoKSn6A--, 10.10.2013

Die Grafik zeigt deutlich, dass die Mehrzahl der Bezüger eher kleinere Beträge zwischen CHF 20‘000 und CHF 80‘000 beziehen. Im Zusammenhang mit dem

[49] vgl. Rey Urs 2012, S. 19

erwähnten Durchschnittsalter, liegt die durchschnittliche Höhe der Bezüge rund 20% bis 30% unterhalb des Maximalwertes des obligatorischen Altersguthaben für diese Altersklasse. [50]

Jährlich werden circa 4'500 Rückzahlungen des Vorbezuges von rund CHF 250 Millionen vorgenommen. Eine Rückzahlung muss grundsätzlich dann gemacht werden, wenn der Versicherte sein Wohneigentum wieder verkaufen will. Er hat aber auch die Möglichkeit, der freiwilligen Rückzahlung um somit die entstandene Vorsorgelücke in der beruflichen Vorsorge zu reduzieren. Im Schnitt beläuft sich eine Rückzahlung auf rund CHF 60'000.[51]

Das BSV hat ebenfalls untersucht, wie die wirtschaftliche Lage der Versicherten aussieht, welche einen Vorbezug tätigen. Dabei ging hervor, dass Personen, welche unter einem potenziellen Einkommen von CHF 60'000 verdienen, praktisch keine Vorbezüge tätigen. Am häufigsten werden Vorbezüge von Personen getätigt, welche ein Einkommen von CHF 60'000 bis CHF 100'000 verdienen.[52]

Die folgende Grafik zeigt die Häufigkeit der Bezüge im Vergleich des Einkommens im Jahr 2008.

[50] Eidgenössisches Departement des Innern EDI 2013, Tabellen BVG Altersguthaben, in: http://www.bsv.admin.ch/themen/vorsorge/00039/index.html?lang=de&download=NHzLpZeg7t,lnp6I0NTU042l2Z6ln1acy4Zn4Z2qZpnO2Yuq2Z6gpJCEdIB_fWym162epYbg2c_JjKbNoKSn6A--, 30.11.2013

[51] Méry Jacques 2010, Statistik über die Vorbezüge von Geldern der beruflichen Vorsorge im Rahmen der Wohneigentumsförderung, in: http://www.bsv.admin.ch/dokumentation/zahlen/00093/00460/index.html?lang=de&download=NHzLpZeg7t,lnp6I0NTU042l2Z6ln1acy4Zn4Z2qZpnO2Yuq2Z6gpJCDfYR2f2ym162epYbg2c_JjKbNoKSn6A--, 10.10.2013

[52] Méry Jacques 2010, Statistik über die Vorbezüge von Geldern der beruflichen Vorsorge im Rahmen der Wohneigentumsförderung, in: http://www.bsv.admin.ch/dokumentation/zahlen/00093/00460/index.html?lang=de&download=NHzLpZeg7t,lnp6I0NTU042l2Z6ln1acy4Zn4Z2qZpnO2Yuq2Z6gpJCDfYR2f2ym162epYbg2c_JjKbNoKSn6A--, 10.10.2013

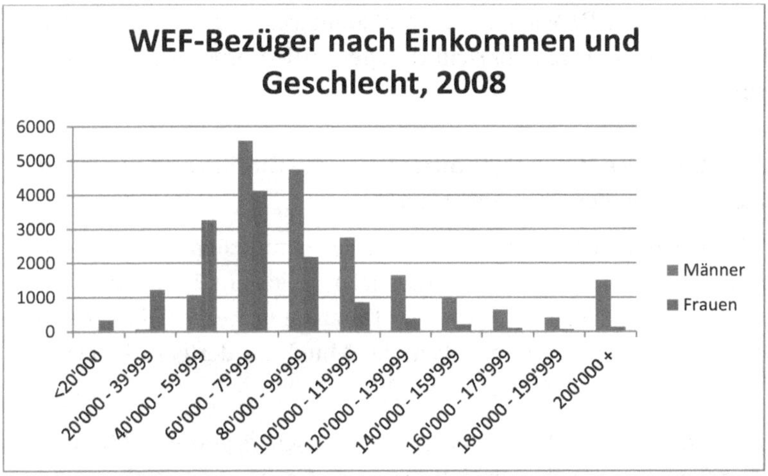

Abbildung 4: WEF-Bezüger nach Einkommen und Geschlecht, 2008
Quelle: Méry Jacques 2010, Statistik über die Vorbezüge von Geldern der beruflichen Vorsorge im Rahmen der Wohneigentumsförderung, in: http://www.bsv.admin.ch/dokumentation/zahlen/00093/00460/index.html?lang=de&download=NHzLpZeg7t,lnp6I0NTU042l2Z6ln1acy4Zn4Z2qZpnO2Yuq2Z6gpJCDfYR2f2ym162epYbg2c_JjKbNoKSn6A--, 10.10.2013

Die Grafik wiederspiegelt, dass Vorbezüge und damit Wohneigentumserwerb von Personen getätigt werden, welche finanziell eher besser gestellt sind.[53]

Im Vergleich zu den Einkommensklassen von CHF 60'000 bis CHF 100'000, werden ab einem jährlichen Einkommen von CHF 120'000 relativ wenig Vorbezüge aus der beruflichen Vorsorge getätigt. Daraus ist zurück zu führen, dass diese Personengruppen über genügend Eigenkapital aus anderen Quellen verfügen.

[53] Méry Jacques 2010, Statistik über die Vorbezüge von Geldern der beruflichen Vorsorge im Rahmen der Wohneigentumsförderung, in: http://www.bsv.admin.ch/dokumentation/zahlen/00093/00460/index.html?lang=de&download=NHzLpZeg7t,lnp6I0NTU042l2Z6ln1acy4Zn4Z2qZpnO2Yuq2Z6gpJCDfYR2f2ym162epYbg2c_JjKbNoKSn6A--, 10.10.2013

Aufgrund der Analyse des BSV spielt die Verpfändung eine untergeordnete Rolle. Zwischen 1995 und 2001 gingen nur rund 15% der WEF-Vorbezüge auf eine Verpfändung zurück.[54]

2.3.2 Ermöglichung des Wohneigentums durch die Einführung des Bundesgesetzes über die berufliche Vorsorge

Ziel der Wohneigentumsförderung mit Mitteln der beruflichen Vorsorge ist es, den Wohneigentumserwerb für die Versicherten zu erleichtern. Dieses Ziel wurde gemäss einer Studie vom Jahr 2003 erreicht. Daraus ging hervor, dass 70% der befragten Personen dieser Studie, nur dank der Mittel aus der beruflichen Vorsorge ihr Wohneigentum erwerben konnten.[55]

Aufgrund dieser Auswertung lässt sich daraus schliessen, dass dieses Modell und die WEF-Vorbezüge eine bedeutende Rolle beim Erwerb von Wohneigentum spielen.

Die nachstehenden Grafiken zeigen die Entwicklung der Häufigkeit der Vorbezüge und Rückzahlungen seit Beginn der Einführung der Wohneigentumsförderung von 1995 bis 2012 auf.

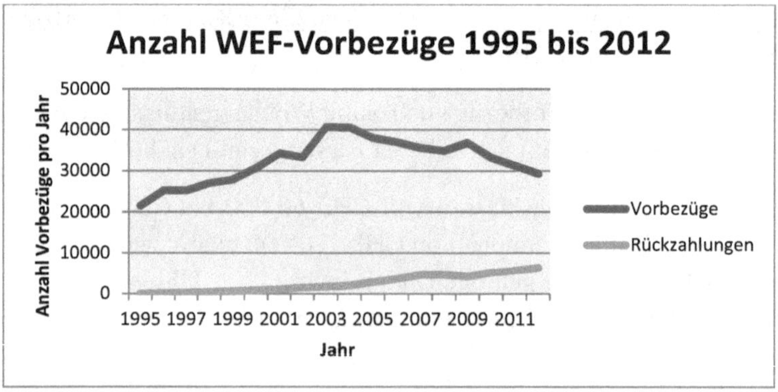

Abbildung 5: Entwicklung der WEF-Vorbezüge nach Anzahl pro Jahr
Quelle: Bundesamt für Statistik, eigene Darstellung

[54] vgl. Hornung Daniel, Röthlisberger Thomas, Gurtner Rolf, Kläger Paul 2003, S. 6
[55] vgl. ebenda, S. 6

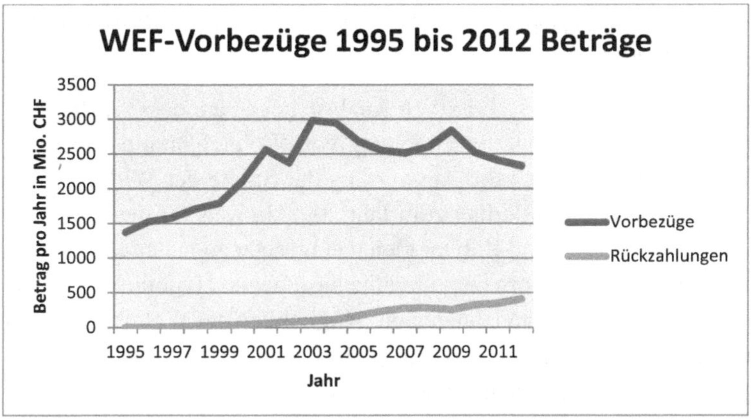

Abbildung 6: Entwicklung der WEF-Vorbezüge nach Betrag pro Jahr in Millionen CHF
Quelle: Bundesamt für Statistik, eigene Darstellung

Es ist deutlich zu erkennen, dass in den Jahren 2003 und 2004 am meisten Vorbezüge von rund 40‘500 vorgenommen wurden. Die Anzahl der Vorbezüge sank seit 2004 bis 2012 kontinuierlich auf ungefähr 29‘000 oder um rund 30%. Hingegen nahm die Anzahl der Rückzahlungen in den vergangenen Jahren stetig zu.

Angaben über die Verpfändungen liegen keine vor, weshalb eine entsprechende Entwicklung nicht illustriert werden kann.

2.3.3 Verwendung der WEF-Vorbezüge

In der deskriptiven Analyse von Prof. Dr. Yvonne Seiler Zimmermann wurde untersucht, wie und durch wen Vorsorgegelder zur Finanzierung von Wohneigentum eingesetzt werden.

Aus der Umfrage geht hervor, dass von den rund 8‘800 befragten Wohneigentümern insgesamt 58% Vorsorgegelder aus der beruflichen und gebundenen Selbstvorsorge für die Finanzierung einer Immobilie beansprucht haben. Davon haben

49% nur Mittel aus der beruflichen Vorsorge und 27% aus der beruflichen und der gebundenen Vorsorge beansprucht.[56]

Die Mehrheit der Befragten der deskriptiven Analyse gaben an, dass sie die Vorsorgegelder für den Erwerb, bzw. die Erstellung von Wohneigentum eingesetzt haben.[57] Dies wiederspiegelt auch die Auswertung der Studie der Wirkungsanalyse über die Wohneigentumsförderung vom Jahr 2003, in welcher die Hälfte der Befragten angab, das vorbezogene Kapital gleich eingesetzt zu haben. Ein Drittel der Bezüger verwendeten den Vorbezug um eine bestehende Hypothek zu amortisieren und die restlichen Befragten nutzten die Möglichkeit der Wohneigentumsförderung mit Mitteln der beruflichen Vorsorge um einen Umbau oder eine Renovation des Wohneigentums vorzunehmen.[58]

Vorbezogene Vorsorgegelder fliessen vor allem in neuere Wohneigenheime mit einer Fläche zwischen 121 bis 150 Quadratmetern. Im Vergleich investieren Personen welche Wohneigentumsförderung beanspruchen durchschnittlich in die gleichen Objekte, wie solche, welche das Modell der Wohneigentumsförderung nicht nutzen. Hauptsächlich werden Liegenschaften im Mittelklassensegment mit Vorsorgegelder finanziert und nicht im Luxussegment.[59]

2.3.4 Zusätzliche Finanzierungsquellen

Aus der Befragung von Yvonne Seiler Zimmermann geht hervor, dass weitere Finanzierungsquellen neben dem Vorbezug, eine wichtige Rolle spielen. Ein Drittel der Befragten, welche Vorsorgegelder als Wohneigentumsinstrument verwendeten, beanspruchten zusätzlich Kapital aus Erbschaften, Erbvorbezügen, Schenkungen oder Darlehen von Verwandten und Bekannten.

2.3.5 Zusammenfassung

Am häufigsten nutzen Frauen im Alter von 35 bis 39 beziehungsweise Männer zwischen 40 und 44 die Möglichkeit des Vorbezugs für die Wohneigentumsförderung. Dies entspricht einem durchschnittlichen Alter von 45 in welchem am

[56] vgl. Seiler Zimmerman Yvonne 2013, S. 2
[57] vgl. ebenda S. 2
[58] vgl. Hornung Daniel, Röthlisberger Thomas, Gurtner Rolf, Kläger Paul 2003, S.19
[59] vgl. Seiler Zimmermann Yvonne 2013, S. 2 - 3

häufigsten Wohneigentum erworben wird. Durchschnittlich beträgt ein Vorbezug CHF 77‘000. Die grösste Anzahl an getätigten Bezügen von Vorsorgegeldern, liegt jedoch zwischen CHF 20‘000 und CHF 80‘000.

Im Schnitt werden 35‘000 Vorbezüge im Jahr getätigt und die Entwicklung zeigt eine leichte Abnahme. Die Anzahl der durchschnittlichen Rückzahlung liegt bei 4‘500 pro Jahr und betragen CHF 60‘000. Diese haben in den vergangen Jahren leicht zugenommen.

Personen mit einem Einkommen zwischen CHF 60‘000 und CHF 100‘000 machen die grösste Gruppe der Bezüger aus. Dies wiederspiegelt, dass Personen mit einem tieferen Einkommen nicht in der finanziellen Lage sind, sich ein Eigenheim zu leisten und jene mit einem Einkommen über CHF 100‘000 genügend andere Eigenmittel zur Verfügung haben.

Die Mehrheit welche das Modell der Wohneigentumsförderung aus der 2. Säule beziehen, setzten das Kapital für den Erwerb oder die Erstellung von Wohneigentum ein. Ein Drittel nutzen die Möglichkeit um die bestehende Hypothek zu reduzieren. Der Rest der befragten Personen nahmen damit einen Umbau oder eine Renovation des Eigenheims vor.

Die vorbezogenen Vorsorgegelder werden meistens in ein neueres Wohneigenheim mit einer Fläche von 121 bis 150 Quadratmetern investiert.

2.4 Wertung der Verwendung der Freizügigkeitsleistungen für die Wohneigentumsförderung

In diesem Abschnitt werden Auswirkungen eines Vorbezugs oder einer Verpfändung auf die Leistungen der beruflichen Vorsorge aufgezeigt.

2.4.1 Vorbezug

Durch einen Vorbezug werden die eigenen Mittel erhöht, wodurch sich der Anteil an benötigtem Fremdkapital für den Wohneigentumserwerb verringert. Mit dieser Variante kann somit die Hypothekarzinsbelastung gesenkt werden. Durch die Reduzierung des Fremdkapitals werden jedoch auch die Schuldzinsen, welche steuerlich abziehbar sind, niedriger.

In den folgenden Berechnungen wird davon ausgegangen, dass in der Stadt Zürich ein Vorbezug von CHF 75'000 getätigt wird und das jährliche Einkommen CHF 100'000 beträgt.

Reduktion der Hypothekarzinsen durch einen WEF-Vorbezug		
schnittlich Zinsen 5%	**mit aktuelle Zinsen 2.5%**	**mit durch- langfristigen**
Hypothek ohne Reduktion durch einen WEF-Vorbezug	CHF595'200	CHF 595'200
Jährliche Hypothekarzinsen (2.5%)	CHF 14'880	CHF 29'760
Hypothek nach Vorbezug von CHF 75'000	CHF520'200	CHF 520'200
Jährliche Hypothekarzinsen nach Reduktion	CHF 13'005	CHF 26'010
Differenz der Hypothekarzinsen durch einen WEF-Vorbezug	CHF 1'875	CHF 3'750

Tabelle 2: Reduktion der Hypothekarzinsen durch einen WEF-Vorbezug
Quelle: Eigene Darstellung in Anlehnung an Taxware Berechnungen

Vergleichsberechnung der Einkommenssteuer unter Berücksichtigung eines Vorbezugs		
Steuern im Detail	**ohne Vorbezug**	**mit Vorbezug**
Einkommen Kanton, Gemeinde und Bund	CHF100'000	CHF 100'000
Steuern für Kanton, Gemeinde und Bund	CHF 17'316	CHF 17'804
Differenz welche durch einen Vorbezug entsteht		CHF + 488

Tabelle 3: Vergleichsberechnung der Einkommenssteuer mit und ohne Vorbezug
Quelle: Eigene Darstellung in Anlehnung an Taxware Berechnungen

Aus den vorangehenden Berechnungen lässt sich ableiten, dass durch einen Vorbezug höhere Steuern von CHF 488 anfallen. Jedoch werden die Hypothekarzinsen, gemessen an den aktuellen Zinsen der Zürcher Kantonalbank, um jährlich CHF 1'875 verringert[60]. Gesamthaft reduzieren sich die jährlichen Kosten durch diesen Vorbezug um CHF 1'387 pro Jahr.

Falls die Risikoleistungen vom Altersguthaben abhängig sind, werden die Leistungen für Invalidität und Tod reduziert. Dieses Modell wird auch als Beitragsprimat bezeichnet. Heute bieten hierzu viele Vorsorgeeinrichtungen aber Lösungen an, in welchen diese Leistungen vom versicherten Lohn abhängig gemacht werden. Dadurch werden die Risikoleistungen für Invalidität und Tod nicht beeinträchtigt. Hier spricht man vom Leistungsprimat. Da die Altersleistungen jedoch immer vom Altersguthaben abhängig sind, reduzieren sich diese entsprechend dem Vorbezug.

Folgende Berechnungen zeigen die Auswirkungen eines Vorbezugs von CHF 75'000 auf die Altersleistungen. Ausgangslage ist ein 44 jähriger Mann mit einem Einkommen von CHF 100'000, welcher bisher keine fehlenden Beitragsjahre

---

[60] Züricher Kantonalbank 2013, Variable Hypotheken, in: http://www.zkb.ch/de/startseite/privatkunden/hypotheken_und_kredite/hypotheken/variable_hypothek/zinsen.html, 10.12.2103

aufweist. Für die durchschnittliche Verzinsung wird von 2.5% ausgegangen. Der Umwandlungssatz für die Berechnung der Altersrente beträgt 6.2%.

Auswirkung der Altersleistungen aufgrund eines Vorbezugs		
tungen zug		Differenz der Leis- durch den Vorbe-
Aktuelles Alterskapital im Alter 44	CHF150'091	
Voraussichtliches Alterskapital im Alter 65	CHF581'291	
Voraussichtliche Altersrente im Alter 65	CHF36'040	
Vorbezug im Alter 44	**CHF 75'000**	
Voraussichtlies Alterskapital im Alter 65	CHF 455'328	CHF - 125'961
Voraussichtliche Altersrente im Alter 65	CHF28'230	CHF - 7'720

Tabelle 4: Auswirkung der Altersleistungen aufgrund eines Vorbezugs
Quelle: Eigene Darstellung

Wie die vorangehende Berechnung veranschaulicht, bewirkt ein Vorbezug von CHF 75'000 in diesem Fall eine Rentenkürzung von jährlich CHF 7'720 oder rund 21%.

Nachstehend werden die Auswirkungen auf die Invaliditätsleistungen sowie die Todesfallleistungen illustriert. Die Grundlagen sind die gleichen wie bei der Berechnung für die Altersleistungen. Ausgangslage ist eine Erwerbsunfähigkeit beziehungsweise ein Todesfall im Alter von 55 Jahren.

Auswirkung der Invaliden- und Hinterlassenenleistungen durch einen Vorbezug		
	ohne Vorbezug	mit Vorbezug
Altersguthaben im Alter 55	CHF334'398	CHF 235'991
Voraussichtliches Altersguthaben im Alter 65 durch den Leistungsfall im Alter 55	CHF447'198	CHF 372'791
Witwenrente	CHF 16'636	CHF 13'868
Waisenrente	CHF 5'545	CHF 4'623
Invalidenrente	CHF 27'726	CHF 23'113

Tabelle 5: Auswirkung der Invaliden- und Hinterlassenenleistungen durch einen Vorbezug
Quelle: Eigene Darstellung

Die Kürzungen auf die Invaliden- und Hinterlassenenleistungen, welche durch einen Vorbezug von CHF 75'000 verursacht werden, betragen in der vorangehenden Berechnung jeweils rund 17%.

Falls ein Versicherter ein Vorbezug von seinen Freizügigkeitsleistungen tätigen möchte, muss er von Gesetzeswegen mindestens CHF 20'000 für sein Eigenheim beziehen. Die Vorsorgeeinrichtung zahlt die gewünschte Summe direkt an den Verkäufer oder Darlehensgeber aus und nicht an den Versicherten.

Damit sichergestellt werden kann, dass das vorbezogene Kapital für den Vorsorgezweck angelegt ist, wird bei jedem Vorbezug eine Veräusserungsbeschränkung im Grundbuch der jeweiligen Vorsorgeeinrichtung eingetragen. Darin wird festgehalten, welches Kapital bei einer Veräusserung des Wohneigentums an die Vorsorgeeinrichtung zurück bezahlt werden muss.

Bei der Auszahlung an die Verkäufer oder Darlehensgeber, wird eine Meldung an die Steuerbehörden gemacht. Die vorbezogenen Freizügigkeitsleistungen werden als Kapitalleistung getrennt vom übrigen Einkommen versteuert. Der Kapitalauszahlung wird zu einem Fünftel des ordentlichen Steuertarifs besteuert.[61]

Durch einen Vorbezug kann somit zusätzlich die Steuerprogression gebrochen werden, falls sich eine Person bei der Pensionierung für den Kapitalbezug entscheidet. Anhand der Wirkungsanalyse von Hornung 2003 wurde aber aus Sicht der Vorbezüger jedoch eher selten bis kaum angegeben, dass der Vorbezug für Steueroptimierungszwecke getätigt wurde.[62]

Wie im Kapitel 2.1.2 erwähnt, muss bei Veräusserung des Wohneigentums der vorbezogene Betrag wieder an die Vorsorgeeinrichtung zurück bezahlt werden. Durch die Rückzahlung werden die Kapitalsteuern dem Versicherten wieder zurückerstattet.

Berechnung der Kapitalsteuern durch einen Vorbezug der Freizügigkeitsleistungen	
Kapitalvorbezug aus der beruflichen Vorsorge	CHF75‘000
Einfache Staatssteuer	CHF 1‘500
Gemeindesteuern Zürich	CHF 1‘785
Kirchensteuer Pflichtiger	CHF 150
Total Staats- und Gemeindesteuer	CHF 3‘435

Tabelle 6: Berechnung der Kapitalsteuern durch einen Vorbezug der Freizügigkeitsleistungen
Quelle: Eigene Darstellung in Anlehnung an Kanton Zürich Finanzdirektion Steueramt

Die nachstehende Grafik illustriert die involvierten Parteien sowie die einzelnen Schritte welche durch einen Vorbezug verursacht werden.

[61] vgl. Art. 38 Abs. 2 DBG
[62] vgl. Hornung Daniel, Röthlisberger Thomas, Gurtner Rolf, Kläger Paul 2003, S.50

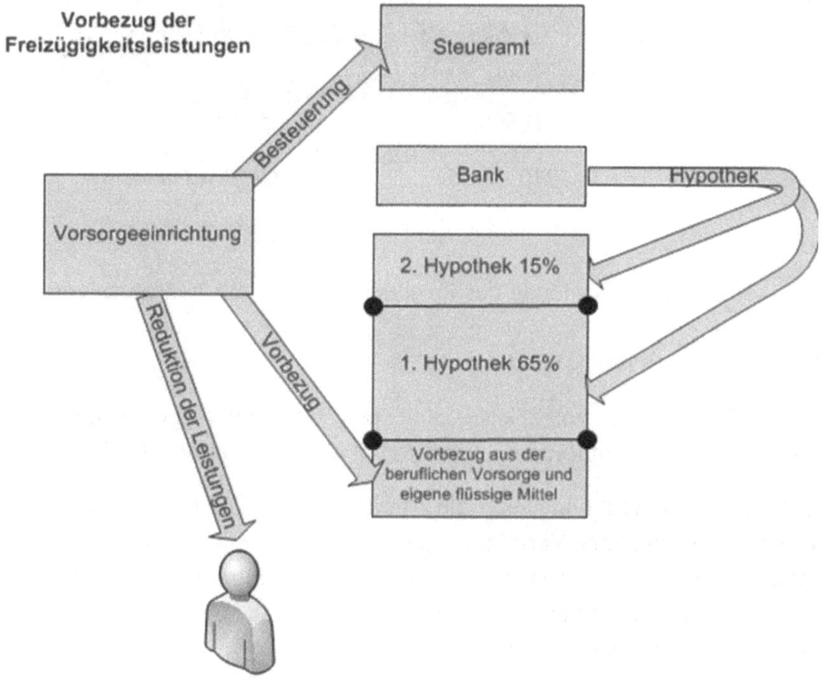

Abbildung 7: Ablauf bei einem Vorbezug mit Mittel der beruflichen Vorsorge
Quelle: Eigene Darstellung

2.4.2 Verpfändung

Neben dem Vorbezug, bei welchem die Freizügigkeitsleistungen aus der Vorsorgeeinrichtung bezahlt werden, besteht auch die Möglichkeit die Freizügigkeitsleistungen zu Verpfänden. Ein bedeutender Vorteil, welcher für die Verpfändung spricht ist, dass die Vorsorgeleistungen nicht gekürzt werden und die Schuldzinsbelastung für die steuerliche Optimierung steigt.

Entsprechend der höheren Hypothekarzinsbelastung wirkt sich dies jedoch auf die Einkommenssteuer aus, da ein höherer Schuldzins abgezogen werden kann.

Die folgende Tabelle zeigt die Unterscheidung der Hypothekarzinsen, welche durch eine Verpfändung der beruflichen Vorsorgeguthaben reduziert werden. Im Rechenbeispiel wird mit einem variablen Zins von 2.5% und einem Vorzugszins für die Verpfändung von 2% gerechnet.

Vergleichsberechnung der Hypothekarzinsen mit und ohne Verpfändung		
	ohne Verpfändung	mit Verpfändung
Höhe der Hypothek	CHF595'200	CHF 595'200
Hypothekarzinsen	CHF 14'880	CHF 11'904
Differenz		CHF - 2'976

Tabelle 7: Vergleichsberechnung der Hypothekarzinsen mit und ohne Verpfändung
Quelle: Eigene Darstellung

Durch einen Vorzugszins von 2% gegenüber dem normalen Hypothekarzins von 2.5% spart der Eigenheimbesitzer jährliche Hypothekarzinsen von CHF 2'976.

Die nachstehende Berechnung zeigt die Auswirkung auf die Einkommenssteuer durch einen Vorbezug, eine Verpfändung, bzw. keine der entsprechenden Reduktionsmassnahmen der Hypothekarzinsen durch das Modell der Wohneigentumsförderung mit Mitteln der beruflichen Vorsorge auf. Wie bis anhin wird mit den gleichen Voraussetzungen gerechnet.

Vergleichsberechnung der Einkommenssteuer mit und ohne Reduktionsmassnahmen			
	ohne Massnahme	mit Vorbezug	mit Verpfändung
Einkommen Kanton, Gemeinde und Bund	CHF100'000	CHF 100'000	CHF 100'000
Steuern für Kanton, Gemeinde und Bund	CHF 17'316	CHF 17'804	CHF 17'722
Differenz		CHF + 488	CHF + 406

Tabelle 8: Vergleichsberechnung der Einkommenssteuer mit und ohne Reduktionsmassnahmen
Quelle: Eigene Darstellung

Durch einen Vorbezug oder eine Verpfändung reduzieren sich die Zinsbelastungen, da sich das Fremdkapital reduziert beziehungsweise einen tieferen Zinssatz bei der Verpfändung verlangt wird. Wie die vorangehende Berechnung aufzeigt, müssen durch die tieferen Zinsbelastungen mehr Steuern bezahlt werden.

Durch eine Verpfändung erhält der Versicherte leichter Fremdkapital. In der Regel gewähren die Fremdkapitalgeber durch eine Verpfändung einen Vorzugszins, da die Freizügigkeitsleistungen als Sicherheit hinterlegt werden. Falls die Hypothekaranforderungen des Eigenheimbesitzers nicht mehr erbracht werden können, hat der Fremdkapitalgeber das Recht auf Pfandverwertung. Dadurch hat der Fremdkapitalgeber das Recht, die Schulden des Versicherten mit dessen Altersguthaben zu verrechnen. Aufgrund der Pfandverwertung treten die gleichen Risiken wie bei einem Vorbezug auf und Alters-, Invaliden- und Hinterlassenenleistungen reduzieren sich entsprechend.

Eine Verpfändung erhält ihre Gültigkeit mit der schriftlichen Anzeige an die Vorsorgeeinrichtung.

Die folgende Grafik zeigt die Schritte bei einer Verpfändung der Freizügigkeitsleistungen auf.

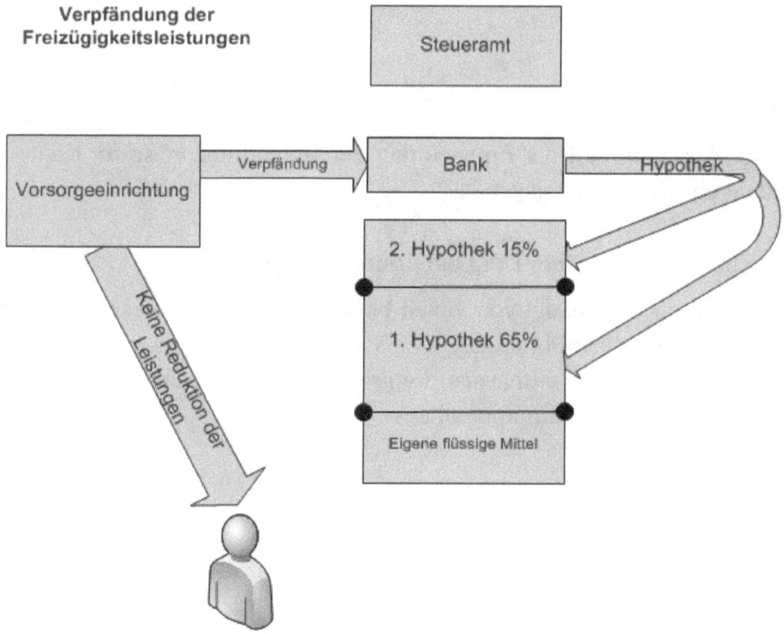

Abbildung 8: Ablauf bei einer Verpfändung der Freizügigkeitsleistungen
Quelle: Eigene Darstellung

2.4.3 Zusammenfassung

Der Vorbezug und die Verpfändung des Altersguthabens der beruflichen Vorsorge helfen die Finanzierung des Eigenheims zu ermöglichen.

Durch einen Vorbezug kann die Hypothekarzinsbelastung gegenüber der Verpfändung stärker reduziert werden. Die Variante des Vorbezugs reduziert das Fremdkapital, da Eigenkapital beigebracht wird. Die Verpfändung hingegen nicht. Bei einer Verpfändung des Altersguthabens erhält der Versicherte dafür in der Regel einen tieferen Zins auf das Fremdkapital.

Die Leistungen für Alter, Tod und Invalidität können durch einen Vorbezug stark negativ beeinflusst werden. Solange der Versicherte seinen Pflichten gegenüber dem Pfandgläubiger nachkommt, reduzieren sich die Leistungen bei einer Verpfändung nicht.

Es kann grundsätzlich gesagt werden, dass der Vorbezug nützlich ist, um das nötige Eigenkapital beizusteuern und die Verpfändung um die Hypothekarzinsen zu reduzieren.

2.5 Eigenheimpreise

Der folgende Abschnitt soll die Entwicklung der Immobilienpreise im Kanton Zürich und deren Ursache aufzeigen.

2.5.1 Ursache für die Veränderung der Immobilienpreise

Der Wert einer Immobilie hängt von vielen Faktoren ab. Eine bedeutende Rolle in der Preisbewertung übernimmt dabei der Standort. Die folgende Grafik zeigt am Beispiel des Kantons Schaffhausen die grossen Preisunterschiede innerhalb des Kantons für das gleiche Einfamilienhaus.

Abbildung 9: Preisunterschiede für ein Einfamilienhaus innerhalb des Kantons Schaffhausen
Quelle: Schaffhauser Kantonalbank 2013, Eigenheim-Index der Schaffhauser Kantonalbank, in: http://www.shkb.ch/assets/div_downloads/SHKB-Eigenheim-Index.pdf, 08.12.2013

Die Schaffhauser Kantonalbank hat anhand des Eigenheim-Index eine Vergleichsrechnung des vorangehenden Beispiels, kantonsübergreifend durchgeführt. Folgende Aufstellung veranschaulicht die Preisdifferenzen zwischen den Kantonen Schaffhausen, Thurgau und Zürich.

Musterhaus	Preise in CHF
Schaffhausen (SH)	850‘000
Steckborn (TG)	939‘000
Andelfingen (ZH)	1‘097‘000
Meilen (ZH)	2‘035‘000

Tabelle 9: Kantonaler Vergleich der Immobilienpreise
Quelle: Schaffhauser Kantonalbank 2013, Eigenheim-Index der Schaffhauser Kantonalbank, in: http://www.shkb.ch/assets/div_downloads/SHKB-Eigenheim-Index.pdf, 08.12.2013

Wie die vorangehende Tabelle deutlich aufzeigt, bestehen für das gleiche Objekt in unterschiedlichen Regionen grosse Preisdifferenzen. Im Vergleich zu Schaffhausen hat die gleiche Immobilie den zweifachen Wert in Zürich.

Weitere Einflussfaktoren für die Immobilienpreise sind externe Grössen wie zum Beispiel die Kreditkosten. Tiefe Zinsen für die Eigenheimkredite wirken sich grundsätzlich positiv auf die Nachfrage für Wohneigentum aus. Durch die erhöhte Nachfrage steigen auch die Preise für die Immobilien.[63]

Weitere Regulationen der Wohneigentumsförderung, wie dies zum Beispiel per 1. Juni 2012 mit der 10% Eigenmittelregelung eingeführt wurde, beeinflusst die Nachfrage welche im Zusammenhang mit den Immobilienpreisen steht.

Die hohe Anzahl der Zuwanderer beeinflussen das allgemein schon steigende Bevölkerungswachstum. Dadurch steigt auch die Nachfrage nach Wohnräumen stetig an. Massnahmen um die Zuwanderung zu reduzieren würde die Nachfrage entscheidend beeinflussen, wodurch die Preise für Immobilien drastisch sinken würden.

Folgende Grafik zeigt die Entwicklung von 1980 bis 2012 der Neubautätigkeit von Einfamilienhäusern und Wohnungen in der Schweiz.

[63] vgl. Thiemann Andreas / Scherrer Josef 2006, S. 13

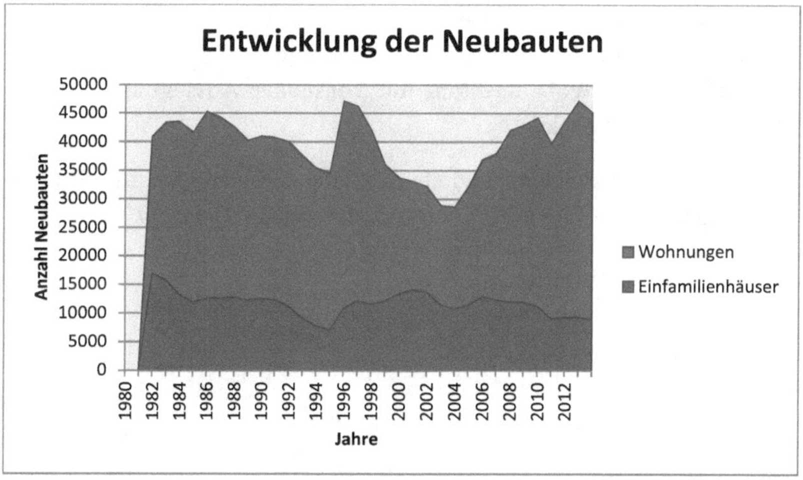

Abbildung 10: Entwicklung der Neubautätigkeiten in der Schweiz
Quelle: Bundesamt für Statistik, Eigene Darstellung

Durch die ständig wachsende Bevölkerung der Schweiz finden die Neubauten problemlos einen Käufer. Wie bereits erwähnt wird es jedoch kritisch, wenn die Bevölkerung oder die Zuwanderung abnehmen, da ein Überschuss des Angebots auf dem Schweizer Immobilienmarkt die Folge wäre. Dies wiederum kann sich negativ auf die Preisentwicklung auswirken.

2.5.2 Entwicklung der Eigenheimpreise im Kanton Zürich

Die Zürcher Kantonalbank zeigt seit 1980 anhand des Zürcher Wohneigentumsindex ZWEX die Entwicklung der Marktpreise für Wohneigentum im Kanton Zürich auf. Die Züricher Kantonalbank führt quartalsweise eine hedonische Preisindex Berechnung durch.[64] Der hedonische Ansatz ist eine Methode, um Immobilien zu bewerten beziehungsweise deren Wert einzuschätzen.[65]

[64] vgl. Züricher Kantonalbank 2013, Wohneigentumsindex (ZWEX), in: http://www.zkb.ch/de/center_worlds/eigenheimcenter/marktinfos/wohneigentumsindex_zwex_/methode.html, 08.12.2013
[65] vgl. Anton Ivan et al. 2009, zitiert nach: SVKG + SEK/SVIT, Das Schweizerische Schätzerhandbuch, 2005, S. 49

„Der ZWEX bildet die qualitätsbereinigte Entwicklung der Marktpreise für Wohneigentum im Kanton Zürich ab. Qualitätsbereinigung bedeutet dabei, dass die Preisentwicklung für Wohneigentum mit konstanter Ausstattung (Grösse, Qualität, Lage usw.) erfasst wird.“[66]

Die folgende Abbildung zeigt anhand des Zürcher Wohneigentumsindex die Preisentwicklung der Immobilien im Kanton Zürich seit 1980 auf.

Abbildung 11: Der Zürcher Wohneigentumsindex (ZWEX)
Quelle: Zürcher Kantonalbank 2013, Immobilienbarometer 3. Quartal 2013, in: http://www.zkb.ch/etc/ml/repository/textdokumente/finanzieren/immobarometer_3_quartal_2013_pdf.File.pdf, 08.12.2013

Die Grafik zeigt auf, dass in den letzten Jahren die Preise für Wohneigentum wieder stark gestiegen sind. Der Einbruch nach den 1990 Jahren erklärt sich durch die Immobilienkrise in der Schweiz.

Gemäss dem Bericht des statistischen Amtes des Kantons Zürich lagen die durchschnittlichen Preise im Jahr 2000 für ein Einfamilienhaus bei CHF 660‘000 und für eine Eigentumswohnung bei CHF 490‘000.[67] Anhand der Berechnung mit der

[66] Züricher Kantonalbank 2013, zitiert in: Wohneigentumsindex (ZWEX), in: http://www.zkb.ch/de/center_worlds/eigenheimcenter/marktinfos/wohneigentumsindex_zwex_/methode.html, 08.12.2013
[67] vgl. Rey Urs 2012, S. 11

Webapplikation des Kanton Zürichs sind die durchschnittlichen Preise im Jahr 2013 für ein Einfamilienhaus bei CHF 1'000'000[68] und für eine Eigentumswohnung bei CHF 715'000[69]. Wie im Kapitel 2.3 erwähnt wurde, betragen die durchschnittlichen Vorbezüge rund CHF 77'000. In Relation zu den durchschnittlichen Eigenheimpreisen machen die Vorbezüge 7% bis 10% der Wohnobjekte aus.

Das führende Beratungsunternehmen für Bau- und Immobilienmärkte Wüest und Partner veröffentlicht Quartalsweise einen Immobilienbericht über den Schweizerischen Immobilienmarkt. Im letzten Bericht vom Jahr 2013 wird zwar keine Trendwende der Preisentwicklungen für Eigentumswohnungen erwartet, aufgrund des grossen Angebots an Eigentumswohnungen wird zukünftig jedoch ein schwächerer Preisanstieg vermutet. Für die Einfamilienhäuser hingegen wird in den günstigeren Regionen von einem positiven Preistrend ausgegangen. In den teureren Gemeinden stellte man bereits einen begrenzten Anstieg der Preise fest und vermutet das dies vorläufig konstant bleibt.[70]

2.5.3 Bewertung einer Liegenschaft

In der Schweiz haben sich verschiedene Institutionen darauf spezialisiert, mit unterschiedlichen Methoden den gegenwärtigen Wert einer Immobilie möglichst genau und detailliert zu schätzen.

Immobilienbewertungen haben unterschiedliche Ziele. Für Käufer sowie Verkäufer ist es essenziel einen befriedigenden Preis zu finden. Für die vorliegende Arbeit wird die Immobilienbewertung für die Performancemessung genutzt. Somit soll eruiert werden, ob die Wertsteigerung der Investition in der Immobilie oder in der Pensionskasse durch die Verzinsung höher ist. Im praktischen Teil unter dem Kapitel 3.3 werden verschiedene Berechnungen zum Vergleich aufgezeigt.

---

[68] Statistisches Amt Kanton Zürich 2013, Aktuelle Preise für Einfamilienhäuser, in: http://www.statistik.zh.ch/internet/justiz_inneres/statistik/de/daten/themen/immobilien_raum/boden_immobilienpreise/efhpreise.html, 08.12.2013

[69] Statistisches Amt Kanton Zürich 2013, Aktuelle Preise für Eigentumswohnungen, in: http://www.zh.ch/internet/justiz_inneres/statistik/de/daten/themen/immobilien_raum/boden_immobilienpreise/ewhpreise.html, 08.12.2013

[70] Wüest & Partner 2013, Immobilienmarkt Schweiz 2013 / 4, in: http://www.wuestundpartner.com/dms/publikationen/publikationen-ch/immobilienmarkt-schweiz/deutsch/Immobilienmarkt_schweiz_13_4_D.pdf 27.12.2013

2.5.4 Anzahl Verkäufe von Wohneigentum im Kanton Zürich

Folgende Grafik zeigt die Entwicklung der verkauften Eigenheime im Kanton Zürich. Deutlich zu erkennen ist, dass seit 1990 ein starker Anstieg statt gefunden hat.

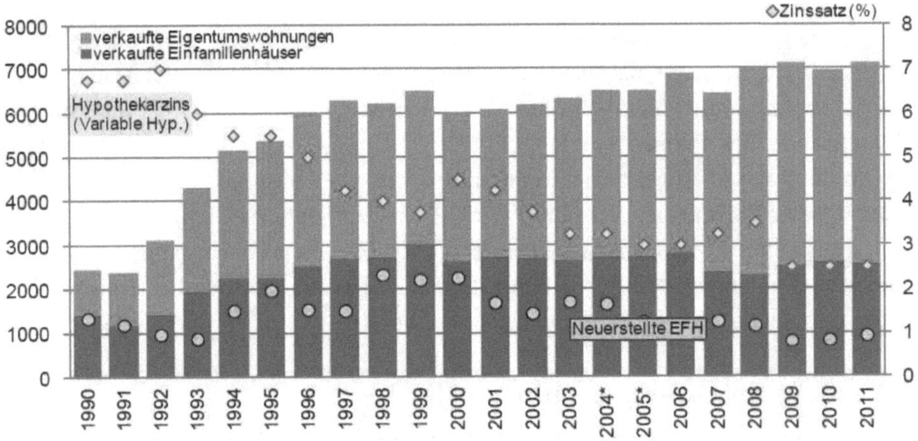

Abbildung 12: Verkäufe von Wohneigentum nach Art 1980 – 2011
Quelle: Handänderungsstatistik, Statistik der Wohnbautätigkeit, Statistisches Amt des Kantons Zürich

Für die steigende Nachfrage an Wohneigentum sprechen zusätzlich die sinkenden Hypothekarzinsen, welche eine vergünstigte Finanzierung ermöglichen. Auf die Hypothekarzinsen wird im Kapitel 2.6 genauer eingegangen.

2.5.5 Zusammenfassung

Der Wert einer Immobilie wird durch diverse Faktoren beeinflusst. Auf gewisse Faktoren kann der Käufer selber Einfluss nehmen, wie zum Beispiel die Wahl des Standortes. Bei politischen Regulationen, welche die Nachfrage nach Eigenheimen reduzieren kann, wie zum Beispiel die Mindestanforderung der Eigenmittel, kann der Eigenheimbesitzer keinen Einfluss nehmen. Die durchschnittlichen Eigenheimpreise für eine Eigentumswohnung und ein Einfamilienhaus im Kanton Zürich betragen im Jahr 2013 CHF 715'000 beziehungsweise CHF 1'000'000. Die Preisentwicklung der Immobilien ist in den letzten 13 Jahren stark gestiegen was für einen zunehmenden Erwerb von Wohneigentum spricht. In den neusten

Auswertungen von Immobilienschätzern wird jedoch eine Stagnation der Preisentwicklung bei Eigentumswohnungen und Einfamilienhäusern festgestellt.

2.6 Kauf von Wohneigentum

Im folgenden Abschnitt wird der gesamte Ablauf für den Erwerb von Wohneigentum aufgezeigt. Es soll hervorgehen, welche Elemente beim diesem Kauf berücksichtigt werden müssen.

2.6.1 Interne Richtlinien der Banken

Die Schweizerische Bankiervereinigung (SBVg) gibt die Standesregeln für die Vergabe von grundpfandgesicherten Krediten vor. Unter grundpfandgesicherte Kredite sind die Hypothekargeschäfte zu verstehen. Die Risiken bei Hypothekarkrediten sind im Wesentlichen das Kreditrisiko, das Pfandausfallrisiko und das operationelle Risiko. Aus diesem Grund müssen die Banken überprüfen, ob der Kreditnehmer genügend Liquidität besitzt um die Hypothek aufzunehmen. Des Weiteren muss geprüft werden, ob der Wert des Wohneigentums dem Belehnungswert entspricht.[71] Die Prüfung der Bonität und der Tragbarkeit wird im nächsten Abschnitt anhand eines Beispiels erklärt.

2.6.2 Tragbarkeit des Wohneigentums

Bevor ein Haus oder eine Eigentumswohnung gekauft werden kann, muss zuerst die Tragbarkeitsberechnung durchgeführt werden. Dabei wird festgestellt, ob die finanziellen Eigenmittel sowie das jährliche Bruttoeinkommen des Eigenheimerwerbers ausreichen um die Kosten des Eigenheims zu tragen.

Im folgenden Beispiel wird die Tragbarkeitsberechnung für eine Eigentumswohnung mit einem Kaufpreis von CHF 744‘000 und einem Einfamilienhaus von CHF 1‘000‘000 durchgeführt.

---

[71] Swiss Banking 2011, Richtlinien für die Prüfung, Bewertung und Abwicklung grundpfandgesicherten Kredite, in: http://www.swissbanking.org/20111028-3300-veb-rev_grundpfand_rl_final-akn.pdf, 25.12.2013

Tragbarkeitsberechnung	Eigentumswohnung	Einfamilienhaus
Ausgangslage		
Kaufpreis der Liegenschaft	CHF 744‘000	CHF 1‘000‘000
Eigene Mittel 20%	CHF 148‘800	CHF 200‘000
Jährliches Bruttoeinkommen	CHF ?	CHF ?
Benötigtes Fremdkapital		
1. Hypothek (65% von CHF 744‘000)	CHF 483‘600	CHF 650‘000
2. Hypothek (15% von CHF 744‘000)	CHF 111‘600	CHF 150‘000
Jährliche Kosten		
Zinskosten 1. Hypothek (5%)	CHF 24‘180	CHF 32’500
Zinskosten 2. Hypothek (6%)	CHF 6‘696	CHF 9‘000
Amortisation über 20 Jahren	CHF 7‘400	CHF 7‘500
Nebenkosten (1% der Liegenschaft)	CHF 7‘440	CHF 10‘000
Jahreskosten total	CHF 45‘716	CHF 59‘000
Tragbarkeit		
35% des Bruttoeinkommens	CHF 45‘716	CHF 59‘000
Jährliches Mindestbruttoeinkommen(100%)	**CHF 130‘617**	**CHF 168‘571**

Tabelle 10: Tragbarkeitsberechnung
Quelle: Eigene Darstellung in Anlehnung an: Westermann Reto / Meyer Üsé

Aufgrund dieser Tragbarkeitsberechnung muss die erwerbende Person 20% des Eigenheimwertes von CHF 148‘800 beziehungsweise CHF 200‘000 selber erbringen. Nach der regulatorischen Änderung per 1. Juli 2012 darf 10% des Eigenkapitals aus der beruflichen Vorsorge beigesteuert werden. Damit der zukünftige Eigenheimbesitzer das Objekt finanziell tragen kann, muss er mindestens ein jährliches Bruttoeinkommen von CHF 130‘617 beziehungsweise CHF 198‘517 ausweisen. Die Totalkosten für das Wohneigentum sollte in der Regel nicht mehr als 35% des Bruttojahreseinkommens übersteigen.[72]

2.6.3 Bewertung des Grundpfandes

Die Kreditgeber müssen gemäss den Richtlinien für grundpfandgesicherte Kredite das zu belehnende Wohneigentum besichtigen. Sie haben jedoch auch die Möglichkeit, ein begründetes Bewertungsmodell einzusetzen.[73]

2.6.4 Besteuerung des Eigenmietwerts

In der Schweiz muss ein Grundeigentümer die Erträge welche er aus seiner Liegenschaft erwirtschaftet als Einkommen versteuern. Dies bedeutet, dass die Mieteinnahmen, welche er für seine Immobilie verlangen könnte, als Einkommen anzurechnen sind.[74]

Im Kanton Zürich wird der Eigenmietwert auf Grund des Verkehrswerts der Liegenschaft festgelegt.

Für die folgende Vergleichsberechnung werden die Daten aus der Tragbarkeitsberechnung verwendet. Der Eigenheimbesitzer verfügt über ein Jahreseinkommen von CHF 130‘000 und besitzt eine Eigentumswohnung mit einem Verkehrswert von CHF 744‘000.

---

[72] Zürcher Kantonalbank 2013, Tragbarkeitsberechnung, in: https://www.zkb.ch/de/startseite/privatkunden/hypotheken_und_kredite/hypotheken/starthypothek/uebersicht/_tools_/module0/hypothekarrechner.html?DoValidation=true&Kaufpreis=744000&EigeneMittel=148800&HoeheHypothek=595200&Einkommen=200%27000&ModelIndex=18, 28.11.2013

[73] Swiss Banking 2011, Richtlinien für die Prüfung, Bewertung und Abwicklung grundpfandgesicherten Kredite, in: http://www.swissbanking.org/20111028-3300-veb-rev_grundpfand_rl_final-akn.pdf, 25.12.2013

[74] Eidgenössische Steuerverwaltung 2010, Die Besteuerung der Eigenmietwerte, in: http://www.estv.admin.ch/dokumentation/00079/00080/00736/?lang=de&download=NHzLpZeg7t,lnp6I0NTU042l2Z6ln1acy4Zn4Z2qZpnO2Yuq2Z6gpJCDdYR8gGym162epYbg2c_JjKbNoKSn6A--, 05.01.2014

Vergleichsberechnung der Einkommenssteuer unter Berücksichtigung des Eigenmietwerts		
Steuern im Detail	**Mieter**	**Eigentümer**
Einkommen Kanton, Gemeinde und Bund	CHF130‘000	CHF 130‘000
Erträge aus Eigenmietwert (4.25% des Verkehrswert)	CHF 0	CHF 31‘620
Abzug Fremdkapitalzinsen und Nebenkosten	CHF 0	CHF 38‘316
Steuerbares Einkommen für Gemeinde, Kanton und Bund	CHF130‘000	CHF 123‘304
Steuern für Gemeinde, Kanton und Bund	CHF 26‘758	CHF 24‘634

Tabelle 11: Vergleichsberechnung der Einkommenssteuer unter Berücksichtigung des Eigenmietwerts
Quelle: Eigene Darstellung

Die vorangehende Berechnung zeigt, dass mit durchschnittlichen Hypothekarzinsen für die 1. und zweite Hypothek von 5% und 6%, der Eigenheimbesitzer tiefere Steueraufwände trägt. Hier muss jedoch berücksichtigt werden, dass die Hypothekarzinsen im Vergleich zu den aktuellen Tarifen deutlich höher sind. Tiefere Zinsen verringern die abzugsfähigen Aufwände auf dem steuerbaren Einkommen. Im Kapitel 3.3.1 wird eine Berechnung der letzten 10 Jahren aufgezeigt, in welcher das steuerbare Einkommen eines Eigenheimbesitzers durch die tiefen Hypothekarzinsen höher ist als die des Mieters.

2.6.5 Benötigtes Eigenkapital

Um eine Liegenschaft zu kaufen, müsse mindestens 10% des Kaufpreises als Eigenkapital eingebracht werden, welche jedoch nicht aus dem Vorsorgeguthaben der 2. Säule stammen dürfen. Für die restliche Finanzierung darf das Altersguthaben der 2. Säule und die Aufnahme einer Hypothek verwendet werden.

2.6.6 Finanzierung durch eine Hypothek

Folgend soll kurz die Bedeutung einer Hypothek, die Modelle und die Entwicklung der Zinsen beschrieben werden.

2.6.6.1 Bedeutung einer Hypothek

Um ein Eigenheim zu kaufen, wird eine hohe Summe an Kapital benötigt. Diese Summe kann von den wenigsten in bar erbracht werden. Deshalb spielt bei der Eigenheimfinanzierung der Hypothekarkredit eine wichtige Rolle. Eine Hypothek ist ein Darlehen welches in der Regel von Banken und Versicherungen vergeben werden.

Wenn eine neue Liegenschaft erworben wird, werden im Normallfall eine erste und eine zweite Hypothek aufgenommen. Die erste Hypothek beträgt 65% und die zweite Hypothek 15% des Liegenschaftswerts. Die zweite Hypothek hat in der Regel einen um 1% höheren Zins als die erste Hypothek. Durch die Massnahme des Bundesrats vom 1. Juni 2012 muss die Hypothek innerhalb von 20 Jahren auf maximal zwei Drittel des Belehnungswertes amortisiert werden.[75] In der Regeln beginnt nach diesen 20 Jahren der dritte Lebensabschnitt und die versicherten treten Ihre Pensionierung an, wodurch sich das Einkommen gegenüber der Erwerbstätigkeit substanziell verringert.[76]

2.6.6.2 Modelle von Hypotheken

Folgend werden die drei Hypothekarmodelle kurz erklärt, welche heute am häufigsten genutzt werden.

Die variable Hypothek

Bei der variablen Hypothek werden die Zinssätze laufend der Kapitalmarktentwicklung angepasst. Bei diesem Modell gibt es keine feste Laufzeit und die Hypothek kann grundsätzlich innerhalb von drei oder sechs Monate gekündigt werden.[77]

---

[75] Bundesrat 2012, Bundesrätliches Paket zur Bankenregulierung, in: http://www.news.admin.ch/dokumentation/00002/00015/index.html?lang=de&msg-id=44781, 1.12.2013

[76] vgl. Arnold René 2005, S. 11

[77] vgl. Westermann Reto / Meyer Üsé 2005, S. 85

Die Festhypothek
Bei dieser Variante wird vorgängig eine feste Laufzeit von einem bis zehn Jahren mit dem Kapitalgeber vereinbart. Der Zinssatz ist während der ganzen Laufzeit fixiert und passt sich dadurch nicht den Zinsschwankungen an.[78]

Die Libor-Hypothek
Bei der Libor-Hypothek handelt es sich um eine Mischform der variablen und festen Hypothek. Grundsätzlich wird die Libor-Hypothek über eine bestimmte Zeit abgeschlossen. Der Zinssatz richtet sich nach dem Libor (London Interbank Offered Rate), welcher in London täglich neu festgelegt wird.[79]

2.6.6.3 Entwicklung der variablen Hypothekarzinsen

Um vergleichende Berechnungen zu machen, wird in dieser Arbeit jeweils von einer variablen Hypothek ausgegangen.

Folgende Grafik zeigt die Entwicklung der Zinsen der variablen Hypothek vor und nach Einführung der Wohneigentumsförderung mit Mitteln der beruflichen Vorsorge.

[78] vgl. Westermann Reto / Meyer Üsé 2005, S. 85
[79] vgl. ebenda, S. 86

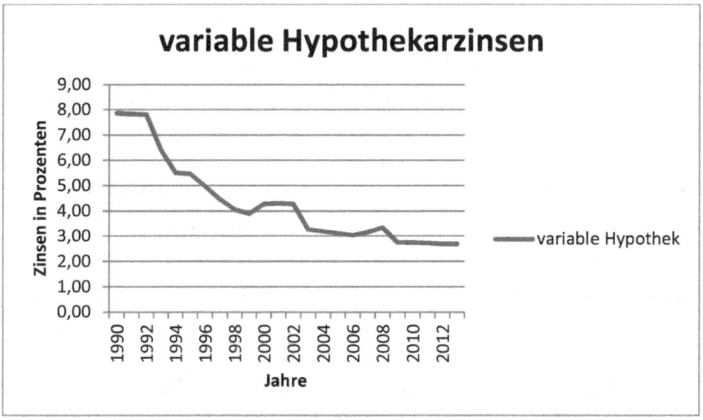

Abbildung 13: Entwicklung variable Hypothekarzinsen
Quelle: Eigene Darstellung in Anlehnung an: Bundesamt für Wohnungswesen 2013, Hypothekarzinsen, in: http://www.bwo.admin.ch/dokumentation/00106/00111/index.html?download=NHzLpZeg7t,lnp6I0NTU042l2Z6ln1acy4Zn4Z2qZpnO2Yuq2Z6gpJCDdHx5gmym162epYbg2c_JjKbNoKSn6A--&lang=de, 28.11.2013

Die Entwicklung der variablen Hypothekarzinsen zeigt ein deutlicher Rückgang auf. 1990 betrugen die Zinsen im Durchschnitt 7,8%, die aktuellen Zinsen hingegen betragen rund 2.7%.

Diese tiefen Hypothekarzinse sprechen für einen Kauf von Wohneigentum, da die Eigenheimbesitzer im Vergleich zu früher tiefere Fremdfinanzierungskosten haben. Jedoch muss auch berücksichtigt werden, dass dadurch die steuerlich abzugsfähigen Kosten reduziert werden wodurch die Steuerbelastung für das Eigenheim steigt.

Die tiefen Zinsen verleiten zum Kauf von Wohneigentum und sprechen neue Kundengruppen an, welche sich nun eine Finanzierung durch Hypotheken leisten können. Bei einem Anstieg der Zinsen wird es jedoch für diejenigen Personen problematisch, welche sich nur aufgrund der tiefen Zinsen ein Eigenheim leisten konnten.

2.6.7 Zusammenfassung

Hypotheken und Altersguthaben aus der beruflichen Vorsorge verhelfen den Eigenheimerwerbern zu zusätzlichem Kapital um sich den Traum vom Eigenheim zu erfüllen.

Fremdkapitalgeber dürfen nicht willkürlich Kredite für selbstgenutztes Wohneigentum vergeben. Für die Vergabe bestehen Standesregeln welche die Mindestanforderungen an den Kreditnehmer festlegen. Dabei wird überprüft, ob der zukünftige Eigenheimbesitzer das Objekt finanziell kurzfristig sowie langfristig tragen kann.

Hypotheken werden in verschiedenen Modellen vergeben. In der vorliegenden Arbeit wird jedoch mit dem Modell der variablen Hypothekarzinsen gerechnet. Diese Hypothekarzinsen verändern sich entsprechend dem Kapitalmarkt.

3 Praktischer Teil

Im praktischen Teil wird zuerst die Fragebogenerhebung zusammengetragen. Dabei wird untersucht und festgehalten, ob die angefragten Stakeholder das Modell der Wohneigentumsförderung nutzen und fördern oder ob sie es eher vermeiden. Im zweiten Teil werden die Vor- und Nachteile des Modells aus verschiedenen Perspektiven erörtert. Im letzten Teil soll anhand von Simulationsberechnungen die Performance des Altersguthabens bei einer Pensionskasse gegenüber der Immobilienpreise veranschaulicht werden. Zudem soll eine Vergangenheitsberechnung aufzeigen, ob es sinnvoll gewesen wäre, ein Eigenheim zu kaufen oder eher zu mieten. Die gleiche Berechnung soll mit 3 Szenarien für die Zukunft durchgeführt werden, damit eine Empfehlung abgegeben werden kann.

3.1 Auswertung der Fragebogenerhebung

Um die Haltung verschiedener Stakeholder gegenüber dem Modell der Wohneigentumsförderung mit Mitteln der beruflichen Vorsorge besser zu verstehen, wurden mittels einer Fragebogenerhebung verschiedene Geschäftsführer und Leiter aus den betroffenen Branchen angefragt. Diese Personen sind gut situierte Personen der entsprechenden Unternehmen aus den drei Geschäftsgebieten Pensionskassen, Fremdkapitalgeber und der Immobilienbranche. Das Kapitel 3.1 zeigt die zusammenfassenden Antworten der befragten Personen. Diese wurden telefonisch für eine Teilnahme angefragt und füllten danach die Fragebögen selbstständig aus. Es wurden drei unterschiedliche Fragebögen erarbeitet, welche im Anhang publiziert sind.

3.1.1 Pensionskasse

Da die Wohneigentumsförderung mit Mitteln der beruflichen Vorsorge von Vorsorgeeinrichtungen durchgeführt wird, wurde der erarbeitete Fragebogen an rund 20 Pensionskassen zugestellt. Neun davon haben an der Fragebogenerhebung teilgenommen. Dadurch konnte eine mehrheitlich generelle Haltung gegenüber der Wohneigentumsförderung festgestellt werden.

3.1.1.1 Haltung gegenüber dem Modell der Wohneigentumsförderung

Die Mehrheit der befragten Vorsorgeeinrichtungen empfiehlt die Wohneigentumsförderung mit Mitteln der beruflichen Vorsorge grundsätzlich eher nicht. Zudem wird die Verpfändung dem Vorbezug klar vorgezogen.

Genannte Gründe für den eher negativen Ausspruch gegen die Wohneigentumsförderungen waren zum Beispiel, dass eine Vorsorgeeinrichtung eine sichere und stabile Institution für die Versicherten ist und somit sollte die Sicht des Versicherten und seine Ansprüche und Bedürfnisse in den Vordergrund gestellt werden.

Eine weitere Vorsorgeeinrichtung empfiehlt dieses Modell nur, wenn die Rahmenbedingungen der Finanzierung, die Risikoabdeckung und die Lebenshaltung im Alter genügend abgesichert sind.

Eine weitere Aussage welche gegen das Modell der Wohneigentumsförderung spricht ist, dass Eigenheimerwerber mit dem aktuellen Tiefzinsniveau der Hypotheken in der Lage sein müssen, den finanziellen Aufwand ohne Altersguthaben zu tragen.

Mehrheitlich werden nebst den gesetzlichen Voraussetzungen keine weiteren Anforderungen verlangt.

Bei der Frage ob die Vorsorgeeinrichtungen ihre Versicherten aktiv auf die Wohneigentumsförderung aufmerksam machen, wiederspiegelt dies die Empfehlung welche gemacht werden. Die Mehrheit der Berater machen ihre Versicherten nicht aktiv auf dieses Modell aufmerksam. Eine Pensionskasse gab jedoch an, dass sie die Möglichkeiten der Wohneigentumsförderung aktiv bei Personalorientierungen aufzeigen. Eine andere Vorsorgeeinrichtung empfiehlt dieses Modell nur, wenn die Rahmenbedingungen der Finanzierung, die Risikoabdeckung und die Lebenshaltung im Alter genügend abgesichert sind.

Trotz dieser passiven Haltung verfügt jedoch rund die Hälfte der Befragten über ein spezifisches Reglement für die Wohneigentumsförderung.

3.1.1.2 Gründe für oder gegen eine Verpfändung aus Sicht der Pensionskassen

Im folgenden Abschnitt wird aus Sicht der Vorsorgeeinrichtungen aufgezeigt, was für bzw. gegen eine Verpfändung spricht.

Argumente welche für eine Verpfändung sprechen

Durch eine Verpfändung wird der Versicherte von der Vorsorgeeinrichtung für den Wohneigentumserwerb unterstützt, ohne einen entsprechenden Kapitalabfluss. Der Vorteil, dass das Geld in der Einrichtung bleibt, wurde mehrmals genannt.

Gegenüber dem Vorbezug verursacht die Variante der Verpfändung weniger Verwaltungsaufwand, wie zum Beispiel die Meldung an das Steueramt, und ist somit für die Pensionskasse einfacher in der Ausführung.

Da die Verpfändung die Leistungen nicht reduziert, hat dies entsprechend keinen Einfluss auf die Prämieneinnahmen. Vorausgesetz es wird keine Pfandverwertung vorgenommen.

Argumente welche gegen eine Verpfändung sprechen

Werden Freizügigkeitsleistungen verpfändet, erschwert dies die zukünftige Abwicklung von Leistungsfällen. Der Grund der Erschwerung besteht darin, dass die Pfandgläubiger die Verpfändung zuerst aufheben, bzw. die Vorsorgeeinrichtungen bei den Fremdkapitalgebern zuerst das Einverständnis für die Verwendung der Freizügigkeitsleistungen anfordern müssen.

Ein weiterer Grund welcher aus Sicht der Pensionskassen gegen eine Verpfändung spricht, ist die Weiterführung der Verzinsung des gesamten Kapitals.

Wiederum wurde mehrmals der zusätzliche Aufwand, welcher mit der Einführung der Wohneigentumsförderung verursacht wurde, genannt.

3.1.1.3 Gründe für oder gegen einen Vorbezug aus Sicht der Pensionskassen

Wie dem vorangehenden Abschnitt werden nun noch die Argumente aufgezeigt, welche für oder gegen einen Vorbezug sprechen.

Argumente welche für einen Vorbezug sprechen

Auch bei einem Vorbezug wirkt die Vorsorgeeinrichtung für einen Eigenheimerwerb unterstützend.

Da es auf dem aktuellen Kapitalmarkt zurzeit schwierig ist die liquiden Mittel gewinnbringend anzulegen um somit der Verzinsung des Altersguthabens gerecht zu werden, ist ein Mittelabfluss, der nicht mehr verzinst wird, stärker förderlich.

Durch einen Vorbezug reduzieren Sich die Leistungen für die Versicherten. Zusätzlich reduziert sich dadurch das Langleberisiko. Das Langleberisiko bezeichnet die Kosten, welche eine Vorsorgeeinrichtung tragen muss, wenn ein Leistungsbezüger die durchschnittliche Lebenserwartung übertrifft.

Argumente welche gegen einen Vorbezug sprechen

Durch einen Vorbezug reduzieren sich die flüssigen Mittel der Vorsorgeeinrichtung, welche für zukünftige Finanzierungen von Leistungen benötigt würden.

Grundsätzlich verursacht ein Vorbezug von Altersguthaben am meisten Aufwand für die Pensionskassen, weshalb dieses Argument mehrmals gegen einen Vorbezug ausgesprochen wurde.

3.1.1.4 Was wird als kritisch am Modell der Wohneigentumsförderung erachtet?

Die Leistungskürzungen durch einen Vorbezug oder der Verwertung der Freizügigkeitsleistungen, tragen nicht zum Grundgedanken der Förderung der Vorsorge im Alter bei.

Die Abwicklungen und Prozesse der Vorbezüge und Verpfändungen sind sehr aufwändig und komplex. Bei Auszahlungen müssen Meldungen an das Grundbuchamt vorgenommen werden oder bei einem Austritt des Versicherten müssen die Bezüge weitergemeldet werden. Die Kosten welche dazu verursacht werden, müssen die Vorsorgeeinrichtungen selber tragen.

Eine Vorsorgeeinrichtung muss grundsätzlich jederzeit in der Lage sein, sämtliche Verpflichtungen gegenüber den Versicherten zu erfüllen. Ist nicht genügen Liquidität für die Leistungserfüllung vorhanden, spricht man von einer Unterdeckung. In kritischen Anlagesituationen, am Beispiel einer Unterdeckung, kann durch einen Vorbezug der Deckungsgrad verschlechtert werden wodurch alle Versicherten von dieser Situation betroffen sind.

Durch eine negative Entwicklung der Immobilienpreise trägt der Versicherte bei einer möglichen Veräusserung des Eigenheims einen Verlust. Wird ein Verlust bekannt, besteht die Gefahr, dass der Versicherte seinen Vorbezug nicht oder nur teilweise zurück bezahlen kann. Die Vorsorge für die nachhaltige Lebenshaltung im Alter wird dadurch nicht sichergestellt.

3.1.2 Fremdkapitalgeber

Die Wohneigentumsförderung mit Mitteln der beruflichen Vorsorge wird meistens im Einklang einer Fremdkapitalfinanzierung durchgeführt. Aus diesem Grund wurde mittels eines Fragebogens untersucht, wie das Modell bei der Kapitalvergabe miteinbezogen wird.

3.1.2.1 Wann wird die Finanzierung des Eigenheims mit Pensionskassenguthaben empfohlen?

Die befragten Kapitalgeber informieren ihre Kunden die Möglichkeit der Wohneigentumsförderung als Finanzierungsmöglichkeit und zeigen ihnen jeweils die Vor- und Nachteile der Verpfändung und des Vorbezugs und deren Auswirkungen auf.

Der Einbezug der Freizügigkeitsleistungen wird grundsätzlich empfohlen jedoch nur falls dadurch die nötigen Eigenmittel erbracht werden können oder dies zu einer vorausgesetzten Tragbarkeit führt.

3.1.2.2 Welche Argumente sprechen für einen Vorbezug oder eine Verpfändung aus Sicht des Kapitalgebers?

Dieser Abschnitt zeigt die Gründe welche für einen Vorbezug bzw. Verpfändung aus Sicht des Fremdkapitalgebers sprechen.

Vorbezug

Die Mindestanforderung der Eigenmittel von 20% des Kreditnehmers werden nur durch einen Vorbezug ermöglicht.

Falls mehr als 20% der Eigenmittel durch einen Vorbezug geschaffen wird, ergibt sich dadurch jedoch ein Nachteil für die Kapitalvergabe. Dies bedeutet, dass weniger Fremdkapital durch die Eigenheimbesitzer aufgenommen werden muss und die Zinserträge auf dieser Differenz entfallen.

Verpfändung
Durch die Verpfändung erhält der Kapitalgeber eine grössere Sicherheit und kann dadurch seinen Kunden einen Vorzugszins geben. Die Vorzugszinsen werden individuell vergeben. Im Schnitt reduzieren sich die Zinsen der 2. Hypothek jedoch um 0.5% oder es wird der gleiche Zins der 1. Hypothek angeboten.

Ein weiteres Argument welches genannt wurde ist, dass durch eine Verpfändung eine höhere Hypothek vergeben wird und somit die Zinserträge steigen.

3.1.3 Immobilienbranche

Da durch die Wohneigentumsförderung schlussendlich auch die Bautätigkeit und der Immobilienmarkt angekurbelt werden, wurden auch verschiedene Immobilienmakler zu ihrer Meinung bezüglich der Wohneigentumsförderung befragt.

3.1.3.1 Welches sind aus Sicht der Immobilienbranche die Vor- und Nachteile der Wohneigentumsförderung?

Grundsätzlich sehen die Immobilienverkäufer nur Vorteile im Modell der Wohneigentumsförderung mit Mitteln der beruflichen Vorsorge, da ihre Branche dadurch stark unterstützt und angekurbelt wird.

Durch die Möglichkeit des Vorbezug bzw. der Verpfändung der Freizügigkeitsleistungen eröffnen sich neue Anspruchsgruppen für die Immobilienbranche. Auch Personen die nicht genügend Eigenkapital für ein Eigenheim aufbringen können, haben mit diesem Modell die Möglichkeit eine Immobilie zu erwerben.

3.1.3.2 Werden die Möglichkeiten der Wohneigentumsförderung im Beratungsgespräch aktiv angesprochen?

Bei der Verkaufsberatung ist die Finanzierung zwar ein zentrales Thema, jedoch wird meistens nur generell über die Möglichkeiten der Wohneigentumsförderung gesprochen. Grund für die passive Förderung liegt daran, dass gegenüber dem Kunden nicht der Eindruck erweckt werden möchte, dass man seinen finanziellen Möglichkeiten nicht traut. Zudem sind die Meisten Interessenten bereits gut über die Finanzierungsmöglichkeiten informiert.

3.1.3.3 Haben die Transaktionen der Liegenschaften in den letzten Jahren Zu- oder Abgenommen?

Alle Befragten gaben an, dass die Anzahl an verkauften Liegenschafften in den letzten Jahren gestiegen ist.

3.1.4 Zusammenfassung

Die Vorsorgeeinrichtungen erachten das Modell der Wohneigentumsförderung als erschwerend in der Abwicklung. Es generiert zusätzliche Aufwände und Kosten, weshalb die Haltung eher negativ und die Förderung eher passiv ist.

Gegenüber der Verpfändung sind die Pensionskassen positiver eingestellt, da dies in der Ausführung einfacher ist und kein Geldabfluss stattfindet.

Die Einrichtungen für die Vergabe von Hypotheken empfehlen die Wohneigentumsförderung mit Mitteln der beruflichen Vorsorge grundsätzlich nur, wenn dadurch die nötigen Eigenmittel beigesteuert werden können oder dies die Mindestanforderung der Tragbarkeit verbessert.

Die Immobilienbranchen sind sehr positiv auf die Möglichkeit der Wohneigentumsförderung eingestellt. Sie erachten dies als unterstützend für die Bautätigkeiten und Verkäufe in ihrer Branche. Dennoch weisen sie ihre Kunden nicht aktiv auf dieses Modell hin, da sie diese nicht bedrängen oder bevormunden wollen und die Kunden selber oft bereits sehr gut informiert sind.

Die Zunahme an verkauften Liegenschaften wiederspiegelt auch die tiefen Hypothekarzinsen. Einen direkten Zusammenhang der Wohneigentumsförderung kann daraus nicht abschliessend beurteilt werden.

3.2 Gegenüberstellung des Vorbezuges gegenüber der Verpfändung aus Sicht von verschiedenen Stakeholdern

Im folgenden Abschnitt werden die Vor- und Nachteile aus Sicht der Versicherten, der Pensionskassen, der Fremdkapitalgeber und der Immobilienbranche erörtert und zusammen getragen. Einige Vor- und Nachteile wurden ebenfalls durch die Fragebogenerhebung ermittelt.

3.2.1 Vorbezug

Im folgenden Abschnitt werden die Vor- und Nachteile des Vorbezugs der Altersguthaben erläutert.

3.2.1.1 Vorteile

Versicherte

Ein entscheidender Vorteil für die Versicherten ist, dass der Fremdfinanzierungsbedarf reduziert werden kann wodurch die Schuldzinsbelastung verringert wird.

Es ermöglicht den WEF-Vorbezügern zudem das nötige Eigenkapital für den Erwerb des Eigenheims beizusteuern.

Die Wohnkosten sinken durch einen Vorbezug, weil der Versicherte dadurch weniger Fremdkapital aufnehmen muss.

Die versicherte Person kann sein Kapital eigenständig verwalten da er nicht mehr auf die Verzinsung der Pensionskasse angewiesen ist.

Falls der Versicherte beabsichtig, im Alter anstatt die Rente einen Kapitalbezug vorzunehmen, kann er durch einen vorzeitigen Vorbezug die Steuerprogression brechen. Dadurch können zusätzlich steuerliche Optimierungen vorgenommen werden.

Pensionskassen und Vorsorgeeinrichtungen

Die Vorsorgeeinrichtungen müssen das vorbezogene Kapital nicht weiter verzinsen. Verpflichtungen gegenüber dem Versicherten entfallen und das Langleberisiko auf den Leistungen reduziert sich.

Fremdkapitalgeber

Falls nur dank der Wohneigentumsförderung die nötigen Eigenmittel erbracht werden, erhöht sich dadurch das Hypothekarvolumen.

Immobilienbranche

Für die Immobilienbranche macht es keinen Unterschied, ob die Wohneigentumsförderung durch einen Vorbezug oder einer Verpfändung genutzt wird. Aus diesem Grund werden die Vor- und Nachteil nur anhand des Vorbezugs aufgeführt und gelten jeweils auch für die Verpfändung.

Die Bauwirtschaft wird durch die Wohneigentumsförderung angekurbelt, da dadurch eine neue Kundengruppe angesprochen wird. Ein weiterer Vorteil welcher sich daraus erschliesst, ist die daraus resultierende Schaffung und Förderung neuer Arbeitsplätze in dieser Branche.

3.2.1.2 Nachteile

Versicherte

Durch die Reduktion des Altersguthabens sinken die Leistungen für Tod und Invalidität, da bis zum Erreichen der Altersrente die Leistungen vom angesparten

Kapital abhängig gemacht werden. Bei Vorsorgelösungen, bei welchen die Leistungen direkt vom versicherten Lohn oder vom Jahreslohn abhängen, besteht ein geringer Nachteil beim Vorbezug auf die Risikoleistungen.

Der Versicherte trägt das gesamte Risiko seiner Anlage in der Immobilie selber. Bis anhin war das Kapital bei der Pensionskasse diversifiziert angelegt. Durch einen Vorbezug trägt der Versicherte das Klumpen Risiko.

Durch die Reduktion der Fremdkapitalkosten reduzieren sich zudem die abzugsfähigen Schuldzinsen wodurch die Steuerbelastung erhöht wird. Steuerliche Optimierungen durch Einkäufe sind erst nach Rückzahlung des Vorbezugs möglich.

Pensionskassen und Vorsorgeeinrichtungen

Der Vorbezug reduziert die Liquidität der Vorsorgeeinrichtung. Zukünftige Leistungsansprüche könnten dadurch beeinträchtigt werden.

Die Abwicklung des Vorbezugs ist für die Vorsorgeeinrichtung mit viel Aufwand verbunden, welcher finanziell nicht entschädigt wird.

Fremdkapitalgeber

Die vorbezogenen Altersguthaben erhöhen die Eigenmittel wodurch sich die Hypothekenvergabe und somit die Zinserträge verringern.

Immobilienbranche

Aus Sicht der Immobilienbranche ergeben sich aufgrund der Wohneigentumsförderung keine Nachteile.

3.2.2 Verpfändung

3.2.2.1 Vorteile

Versicherte

Da das Altersguthaben nicht aus der Vorsorgeeinrichtung entnommen wird, kann der Versicherte weiterhin von der Verzinsung profitieren. Solange der Kreditnehmer seinen Verpflichtungen nachkommt und keine Pfandverwertung vollzogen wird, entstehen keine Leistungskürzungen.

Durch die Sicherheit, welche dem Fremdkapitalgeber mit der Verpfändung der Freizügigkeitsleistungen gegeben wird, erhält der Versicherte einen Vorzugszins auf die Hypothek. Die Banken beziehungsweise die Fremdkapitalgeber gewähren durch die Verpfändung eine grössere Hypothek da sie durch die Verpfändung eine zusätzliche Sicherheit erhalten. Die Einkommenssteuern reduzieren sich durch die höheren Schuldzinsen.

Steueroptimierungen durch Einkäufe sind weiterhin möglich.

Pensionskassen und Vorsorgeeinrichtungen

Die Freizügigkeitsleistungen bleiben bei der Einrichtung und es findet kein Abfluss von liquiden Mitteln statt. Die Leistungen und die Prämien bleiben somit bei der Verpfändung konstant.

Die Variante der Verpfändung ist gegenüber dem Kapitalbezug weniger komplex und aufwändig wodurch geringere Kosten und weniger Aufwand für die Pensionskassen anfallen.

Fremdkapitalgeber

Eine Verpfändung der Freizügigkeitsleistungen erhöht die Sicherheit zugunsten des Kapitalgebers. Durch die zusätzliche Sicherheit darf eine höhere Kreditvergabe ausgegeben werden womit die Zinserträge steigen.

3.2.2.2 Nachteile

Versicherte

Die Verpfändung reduziert die Hypothek nicht und somit müssen gegenüber dem Vorbezug höhere Schuldzinsen geleistet werden.

Durch eine Verpfändung wird bei gewissen Fremdkapitalgebern eine zusätzliche Todesfallversicherung verlangt, welche Zusatzkosten verursacht.

Pensionskassen und Vorsorgeeinrichtungen

Im Fall einer Pfandverwertung entstehen die gleichen Nachteile wie bei einem Vorbezug der Freizügigkeitsleistungen.

Die Altersguthaben müssen weiterhin verzinst werden.

Zukünftige Abwicklungen von Leistungsfällen werden zusätzlich erschwert, da die Verpfändung vom Pfandgläubiger zuerst aufgelöst werden muss.

Fremdkapitalgeber

Da dem Kapitalgläubiger als Pfandgläubiger zusätzliche Sicherheit gegeben wird, erhält der Versicherte in der Regel einen Vorzugszins. Dies bedeutet geringere Zinserträge.

3.2.3 Tabellarische Zusammenfassung der Gegenüberstellung der Vor- und Nachteile des Vorbezugs und der Verpfändung

Die nachfolgende Tabelle zeigt nochmals die Vor- und Nachteile aus Sicht der verschiedenen Stakeholder.

	Vorbezug	Verpfändung
Versicherte	+Eigenkapital erhöht sich + weniger Fremdkapital + tiefere Fremdkapitalzinsen + Senkung der Wohnkosten +Steueroptimierung bei voraussichtlichem Kapitalbezug	+Alterskapital wird weiter verzinst +keine Leistungskürzungen +Steuerersparnis da höhere Schuldzinsen + keine Entrichtung von Kapitalsteuern + Gewährleistung der Tragbarkeit des Wohneigentums bei einem Leistungsfall + tiefere Hypothekarzinskonditionen +höherer Bezug der Hypothek durch zusätzliche Sicherheit + Einkäufe
	- Besteuerung des Vorbezugs - Leistungskürzungen - Höhere Einkommenssteuern da weniger Fremdkapital - geringere Tragbarkeit des Wohneigentums	- höhere Schuldzinsen

	durch einen Leistungsfall - Reduktion der Einkaufs- möglichkeiten	
Pensionskasse	+ Zinsgutschriften verringern sich + Verpflichtungen entfallen + Langleberisiko nimmt ab	+weniger Aufwände +keinen Mittelabfluss
	- Reduktion der flüssigen Mittel - sehr komplex und aufwän- dig - zusätzliche Kosten	- Verzinsung des Altersgut- haben - Erschwerung bei Leistungs-fällen
Fremdkapitalgeber	+ Erhöhung des Hypothekar- volumens	+ bessere Tragbarkeit + Sicherheit für die Hypothe- kargewährung + höhere Kreditvergabe
	- tiefere Hypothekar- nach- frage - Einbussen der Zinserträge	- geringere Zinserträge
Immobilienbranche	+ Zunahme an möglichen Käufern + Zunahme von Arbeitsplätzen	

Tabelle 12: Vor- und Nachteile des Vorbezugs bwz. der Verpfändung aus der Sicht von verschiedenen Stakeholdern
Quelle: Eigene Darstellung

3.3 Vergangenheits- und mögliche Zukunftsberechnungen

Dieses Kapitel zeigt anhand einer Simulationsberechnung der letzten 10 Jahren auf, wie sich die Immobilienpreise über diesen Zeitraum entwickelt haben.

3.3.1 Simulation der letzten 10 Jahre

Die nachstehende Simulation zeigt die Wertentwicklung einer Immobilie von 2001 bis 2011 im Vergleich der Verzinsung der Freizügigkeitsleistungen in der Pensionskasse über diesen Zeitraum hinweg. Damit soll veranschaulicht werden, ob der Wertzuwachs des Vorbezugs im Eigenheim oder die Verzinsung bei der Pensionskasse höher lagen.

Vorab zeigen die beiden nachfolgenden Grafiken nochmals die Preisentwicklung der Eigenheime sowie die Entwicklung des Mindestzinses in der Pensionskasse.

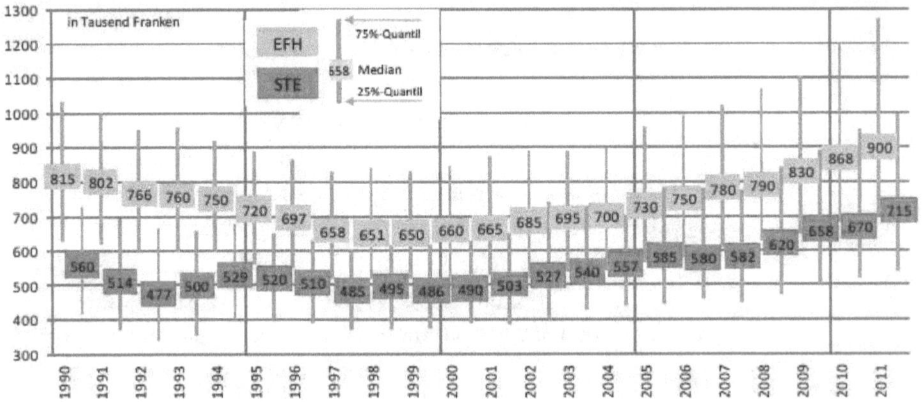

Abbildung 14: Preisentwicklung der Einfamilienhäuser und Eigentumswohnungen von 1990 bis 2011
Quelle: Rey Urs 2012, S. 12

Wie bereits in Kapitel 2.5 anhand des Zürcher Wohneigentumsindex aufgezeigt wurde, zeigt die vorangehende Grafik anhand der Eigenheimpreisen die gleiche Entwicklung von Einfamilienhäusern und Eigentumswohnungen. 2001 lag der Preis im Median für Eigenheime bei CHF 503'000 beziehungsweise CHF 665'000. Der Median ist die Grenze zwischen den teureren und den günstigeren Preisen.[80] Zehn Jahre später stiegen die Preise auf CHF 715'000 und CHF 900'000 an. Dadurch stiegen die Preise prozentual um 42% bei Eigentumswohnungen und um 35% bei Einfamilienhäusern an.

[80] vgl. Rey Urs 2012, S. 12

Die Altersguthaben werden mit einem vom Bundesrat festgelegten Mindestzinssatz verzinst. Das folgende Diagramm illustriert die Entwicklung des BVG Mindestzinssatzes seit der Einführung des Bundesgesetzes der beruflichen Vorsorge 1985.

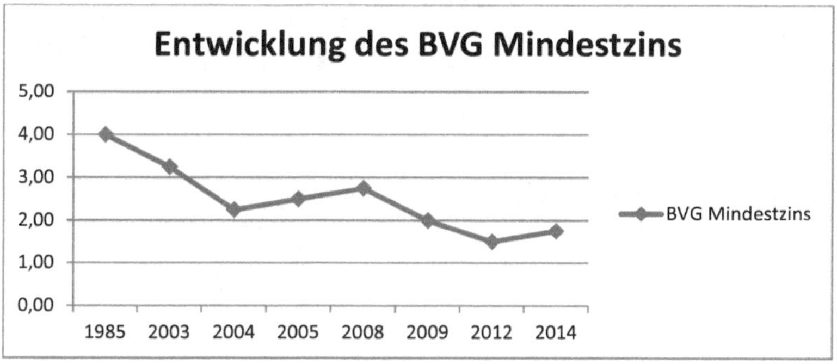

Abbildung 15: Entwicklung des BVG Mindestzins
Quelle: Eigene Darstellung in Anlehnung an Bundesamt für Statistik

Tendenziell wurde der Zinssatz stetig gesenkt. 1985 betrug der Zins 4% und wurde erstmals per 01.01.2003 auf 3.25% gesenkt. Im Jahr 2012 und 2013 war der Zins auf dem Tiefststand von 1.5% und wurde nun per 01.01.2014 wieder leicht auf 1.75% angehoben.

Die Pensionskassen geben in der Regel jedoch einen etwas höheren Zins auf das Altersguthaben. Gemäss der jährlichen Pensionskassenstudie der Swisscanto betrug die durchschnittliche Verzinsung aller Schweizer Pensionskassen in den letzten acht Jahren zwischen 2.5% und 3.5%.[81]

Aufgrund der vorangehenden Angaben wird nachstehend die Wertsteigerung der Immobilie mit der potenziellen Verzinsung der Altersguthaben in der Periode 2001 bis 2011 verglichen. Als Grundlage für die Berechnung dient eine Eigentumswohnung, welche mit einem Vorbezug aus der 2. Säule von CHF 75'000 finanziert wurde.

[81] vgl. Fischer Gérard et al. 2013, S. 42

Vergleich der Immobilienwertsteigerung mit der Verzinsung der Altersguthaben				
	2001	2011	Wertzuwachs	in Prozenten
Wert der Immobilie	CHF 503'000	CHF 715'000	CHF 212'000	42%
Durchschnittliche Wertsteigerung der Immobilie			CHF 21'200	4.2%
BVG-Mindestzinsen des Vorbezugs	CHF 75'000	CHF 96'357	CHF 21'357	28%
Durchschnittliche BVGVerzinsung			CHF 2'136	2.8%

Tabelle 13: Vergleich der Immobilienwertsteigerung mit der Verzinsung der Altersguthaben
Quelle: Eigene Darstellung

Der Vergleich der Immobilienwertsteigerung und der Verzinsung des Altersguthabens vom 01.01.2001 bis 31.12.2010 verdeutlicht, dass die durchschnittliche Performance einer Immobilie höher als die Verzinsung der Freizügigkeitsleistungen war. Eine Rückzahlung der Hypothek und des Vorbezugs bei Veräusserung des Eigenheims wäre daher kein Problem gewesen.

Diese einfache Vergleichsrechnung bezieht sich nur auf die Wertsteigerung. Zusätzlich muss man bedenken, dass bei einem Vorbezug bzw. bei einem Erwerb von Wohneigentum weitere Faktoren einfliessen, wie sie auch im Kapitel 2.5 und 2.6 aufgezeigt werden.

Um die Kosten des Wohneigentums mit einer Mietwohnung vergleichen zu können, wird nachstehend eine Vergleichsberechnung durchgeführt. Da Eigenheime und Mietobjekte sehr individuell sind, kann ein direkter Vergleich mit dem gleichen Objekt nicht durchgeführt werden, weshalb hier von durchschnittlichen Daten ausgegangen wird. Eine Eigentumswohnung hatte im Jahr 2001 im Schnitt einen Erwerbspreis von CHF 503'000. Mehr als die Hälfte aller Wohnungen haben eine mittlere Grösse von 3 bis 4 Zimmern.[82] Der Mietpreis für 3 bis 4 Zimmerwohnungen im Kanton Zürich entwickelte sich in den letzten Jahren positiv. Im Jahr 2000 lag die monatliche Durchschnittsmiete bei CHF 1'390 und im Jahr 2011 bereits bei CHF 1'741.[83]

In der nachstehenden Berechnung wird von einer Person aus der Stadt Zürich ausgegangen, welche ein jährliches Einkommen von CHF 100'000 verdient. Die ausführlichen Berechnungen dazu sind im Anhang abgebildet.

Vergleich der Kosten zwischen einer Eigentumswohnung und einer Mietwohnung in der Periode 2001 bis 2011				
	Eigentumswohnung		**Mietwohnung**	
Objektwert	CHF	503'000	-	
Fremdkapital 80%	CHF	402'400	-	
Total der Hypothekar- und Mietkosten	CHF	133'510	CHF	180'424
Nebenkosten Eigenheim 1%	CHF	50'300	-	
Eigenmietwert 4.25%	CHF	213'775	-	
Steuerbares Einkommen	CHF	1'029'890	CHF	1'000'000
Steuerliche Kosten	CHF	266'667	CHF	244'977
Total Kosten inkl. Steuern	CHF	450'477	CHF	425'401

[82] Bundesamt für Statistik 2013, Bau- und Wohnungswesen, in: http://www.bfs.admin.ch/bfs/portal/de/index/themen/09/01/pan.Document.118140.pdf, 29.12.2013
[83] Schweizerische Eidgenossenschaft 2013, Bau- und Wohnungswesen, Durchschnittlicher Mietpreis in Franken nach Kanton und Zimmerzahl, in: http://www.bfs.admin.ch/bfs/portal/de/index/themen/09/03/blank/key/mietpreise/nach_zimmerzahl.html, 29.12.2013

Zinsgutschriften bei BVG-Mindestzins und 1.5%			CHF	21'971
Wertzuwachs der Immobilie	CHF	212'000	-	
Totalkosten abzüglich Zins oder Wertzuwachs der Immobilie	**CHF**	**238'477**	**CHF**	**403'430**

Tabelle 14: Vergleich der Kosten zwischen einer Eigentumswohnung und einer Mietwohnung in der Periode 2001 bis 2011
Quelle: Eigene Darstellung

Aufgrund der Vergleichsberechnung einer Eigentumswohnung zu einer Mietwohnung muss der Eigenheimbesitzer grundsätzlich höhere Kosten tragen. Der Mieter profitiert weiterhin von der Verzinsung des Eigenkapitals, welches nicht in die Immobilie investiert wurde. Der Vorbezug von CHF 50'300 wurde mit dem BVG-Mindestzins und das restliche Eigenkapital mit 1.5% verzinst.

Diese Kosten müssen jedoch zusätzlich in Relation mit der Wertsteigerung der Immobilie gestellt werden. Wenn, wie in Tabelle 13, von einer Wertsteigerung von 42% bzw. von CHF 212'000 ausgegangen wird, wären die Kosten des Eigenheimbesitzers CHF 166'412 tiefer als die eines Mieters.

Die Amortisation der 2. Hypothek, welche nach neuer Vorschrift innerhalb von 20 Jahren um einen Drittel reduziert werden muss, wurde in der vorangehenden und der folgenden Vergleichsrechnungen nicht berücksichtigt. Um den Kauf oder die Mietkosten einer Wohnung zu vergleichen sind die Amortisationsanteile unbedeutend, da diese keine Kosten darstellen sondern eine Vermögensverschiebung in die Liegenschaft.

3.3.2 Mögliche Szenarien über die Entwicklung der nächsten 10 Jahre

In diesem Abschnitt werden verschiedene Szenarien für die Entwicklung der BVG Mindestverzinsung, der Hypothekarzinsen und der Eigenheimpreise aufgezeigt.

3.3.2.1 Entwicklung des BVG Mindestzins

Im folgenden Diagramm werden 3 Szenarien für die Entwicklung des BVG Mindestzinssatzes illustriert.

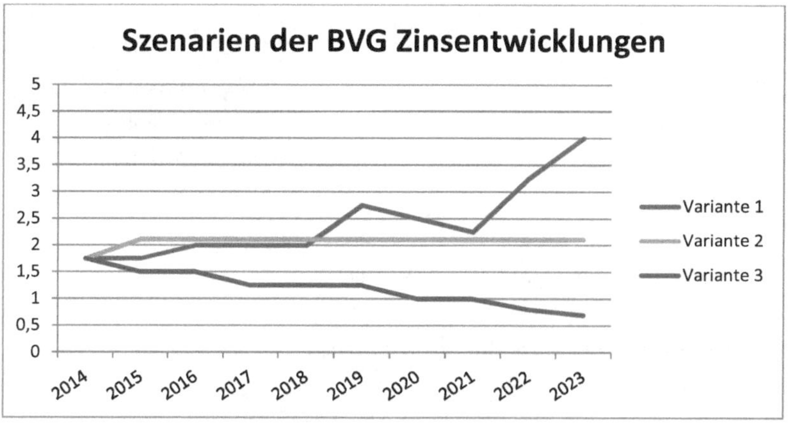

Abbildung 16: Szenarien der BVG Zinsentwicklungen
Quelle: Eigene Darstellung

Die gezeigten Prognosen beruhen auf Annahmen. Die Variante 1 geht davon aus, dass sich der Zins wieder auf die ursprüngliche Grösse von 4% entwickelt. Die Variante 2 zeigt eine durchschnittliche Verzinsung der letzten 10 Jahre von 2.11%. In der 3. Variante wird davon ausgegangen, dass sich der Zins in den nächsten Jahren stetig bis auf 0.7% senkt.

3.3.2.2 Entwicklung der Hypothekarzinsen

Eine mögliche Entwicklung der Hypothekarzinsen wurde wiederum mit der nachstehenden Grafik illustriert.

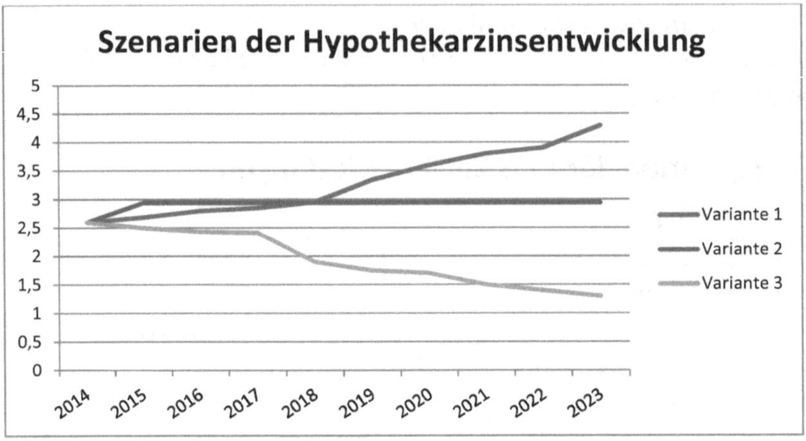

Abbildung 17: Szenarien der Hypothekarzinsentwicklung
Quelle: Eigene Darstellung

Die aufgezeigten Prognosen beruhen ebenfalls auf eigenen Annahmen. Variante 1 rechnet mit einem Zinsanstieg auf 4,29%. Auf diesem Zinsniveau lag der variable Hypothekarzins letztmals im Jahr 2000. In der Variante 2 wird vermutet, dass der Zins sich auf der Höhe des durchschnittlichen Zins der letzten 10 Jahre bei 2,94% hält. Die Variante 3 verläuft in die Gegenrichtung der Variante 1 und rechnet mit einer weiteren Zinssenkung.

3.3.2.3 Entwicklung der Eigenheimpreise

Um die Vergleiche abschliessend zu berechnen, werden auch die möglichen Entwicklungen der Eigenheimpreise veranschaulicht. Die Annahmen basieren auf der Preisentwicklung für eine Eigentumswohnung aus dem Kapitel 3.2.1.

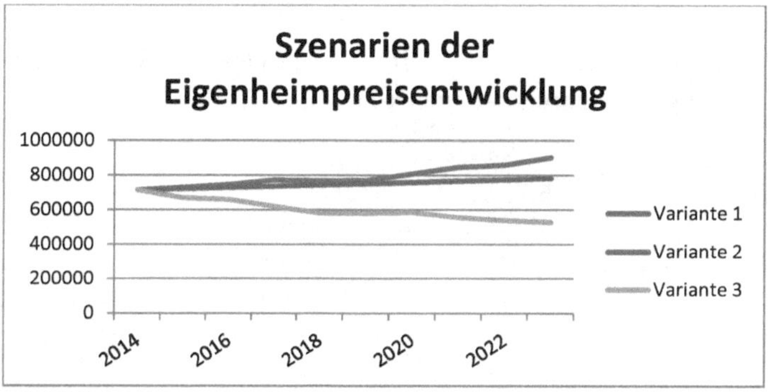

Abbildung 18: Szenarien der Eigenheimpreisentwicklung
Quelle: Eigene Darstellung

Die Variante 1 zeigt eine stetige Wertsteigerung der Eigentumswohnungen. Für die Preissteigerung wird angenommen, dass sich die Preise gleich entwickeln wie in den letzten 10 Jahren. In Variante 2 wird damit gerechnet, dass die Preise jährlich um 1% steigen. In Variante 3 wird davon ausgegangen, dass sich die Preise für die Eigentumswohnungen wieder zurück bilden. In Kapitel 2.5.1 wurden die Einflussfaktoren, welche die Preise für Immobilien bestimmen, erklärt.

3.3.3 Vergleich der möglichen Szenarien über die Entwicklung

Aufgrund der vorangehenden Szenarien werden nun verschiedene Modelle in Relation des BVG Mindestzinssatzes, der Hypothekarzinsen und der Eigenheimpreise betrachtet. Anhand der drei Vergleiche eines Best-, Normal- und eines Worst-Cases soll aufgezeigt werden wann es sinnvoll ist, einen Vorbezug zu tätigen und in welchen dies keine gute Möglichkeit ist. Deshalb ist es wichtig, dass die Szenarien aus Sicht des Eigenheimbesitzers bzw. des Versicherten, welcher einen Vorbezug tätigen möchte, betrachtet werden. Die Zusammenstellungen dieser Szenarien werden vorab aufgezeigt.
Bei allen Varianten wird von einer Eigentumswohnung mit einem Anfangswert von CHF 715'000 und einem Vorbezug aus der 2. Säule von CHF 75'000 ausgegangen. Die Berechnungen der einzelnen Szenarien sind im Anhang publiziert.

3.3.3.1 Best Case

Bei dieser Variante entwickeln sich die BVG Mindestzinsen und die Hypothekarzinsen negativ und die Eigenheimpreise steigen kontinuierlich.

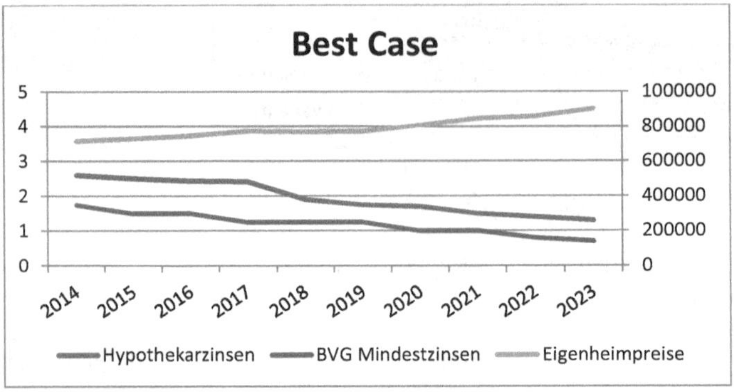

Abbildung 19: Diagramm Best Case
Quelle: Eigene Darstellung

Im besten Fall, steigen die Immobilienpreise im Jahr 2014 um 26% des ursprünglichen Wertes an. Die totalen Hypothekarkosten im Verhältnis zum ursprünglichen Immobilienwert machen 16% aus. Der Zinsertrag des Altersguthabens über 10 Jahre hinweg im Vergleich zum Vorbezug entsprechen 13%.

Der Best Case spricht für einen Vorbezug der Freizügigkeitsleistungen, da die Wertsteigerung des Vorbezugs, welche in die Immobilie investiert wurde, eine bessere Rendite aufweist als die Verzinsung bei einer Vorsorgeeinrichtung.

Die nachfolgende Berechnung wird für alle drei Szenarien durchgeführt. Ausgangslage dazu ist eine Eigentumswohnung mit einem aktuellen Wert von CHF 715‘000. Gemäss der Tragbarkeitsberechnung muss die Person über ein Einkommen von mindestens CHF 120‘500 verfügen. Das Eigenkapital setzt sich aus einem Vorbezug von CHF 75‘000 und einem Privatvermögen, welches hier mit einem durchschnittlichen Zins von 1.5% angelegt ist, von CHF 68‘000 zusammen. Die Mietpreise steigen jährlich um 2.5%.

Vergleich der Kosten zwischen einer Eigentumswohnung und einer Mietwohnung in der Periode 2014 bis 2023 – Best Case				
	Eigentumswohnung		Mietwohnung	
Objektwert 2014	CHF	715‘000	-	
Objektwert 2023	CHF	903‘000		
Fremdkapital 80%	CHF	572‘000	-	
Total der Hypothekar- und Mietkosten	CHF	111‘483	CHF	232‘448
Nebenkosten Eigenheim 1%	CHF	71‘500	-	
Eigenmietwert 4.25%	CHF	336‘345		
Steuerbares Einkommen	CHF	1‘358‘362	CHF	1‘205‘000
Steuerliche Kosten	CHF	286‘856	CHF	237‘466
Total Kosten inkl. Steuern	CHF	469‘839	CHF	469‘914
Zinsgutschriften			CHF	19‘102
Wertzuwachs der Immobilie	CHF	188‘000		
Totalkosten abzüglich Zins oder Wertzuwachs der Immobilie	**CHF**	**281‘839**	**CHF**	**450‘812**

Tabelle 15: Vergleichsberechnung Best Case
Quelle: Eigene Darstellung

Aus der vorangehenden Tabelle ist ersichtlich, dass die totalen Kosten beinahe gleich sind. Die Wertsteigerung der Immobilie ist jedoch sehr hoch, weshalb im Vergleich mit den Zinsgutschriften die Variante des Eigenheims klar eine bessere Performance aufweist. Falls der Eigenheimbesitzer nach 10 Jahren die Liegenschaft veräussert, erfreut er sich an einem Gewinn und kann die Vorsorgelücke mit einer Rückzahlung ohne weiteres wieder schliessen.

3.3.3.2 Normal Case

Diese Variante zeigt eine stagnierende Entwicklung der Zinsen und der Eigenheimpreise.

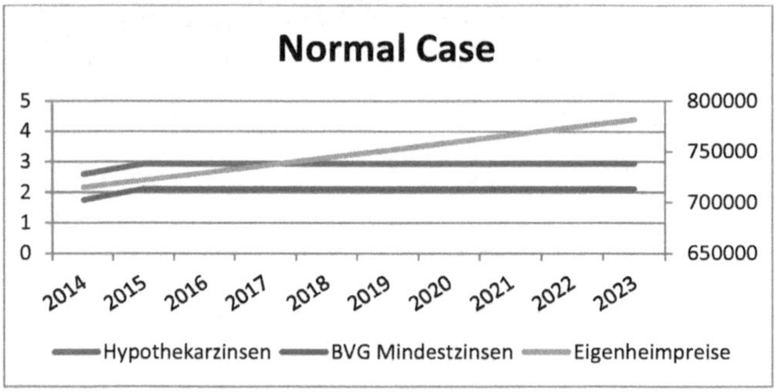

Abbildung 20: Diagramm Normal Case
Quelle: Eigene Darstellung

In der Variante mit den gleichbleibenden Werten steigt der Immobilienwert jährlich um 1%. Die Hypothekarkosten entsprechen im Verhältnis zum ursprünglichen Immobilienwert 23%. Wäre das Kapital welches vorbezogen wurde bei der Pensionskasse angelegt, wäre die voraussichtliche Zinsgutschrift CHF 17'090 oder eine Wertsteigerung um 23% des Vorbezugs.

Vergleich der Kosten zwischen einer Eigentumswohnung und einer Mietwohnung in der Periode 2014 bis 2023 – Normal Case				
	Eigentumswohnung		Mietwohnung	
Objektwert 2014	CHF	715'000	-	
Objektwert 2023	CHF	781'985		
Fremdkapital 80%	CHF	572'000	-	
Total der Hypothekar- und Mietkosten	CHF	166'223	CHF	232'448
Nebenkosten Eigenheim 1%	CHF	71'500	-	
Eigenmietwert 4.25%	CHF	317'920		
Steuerbares Einkommen	CHF	1'285'197	CHF	1'205'000

Steuerliche Kosten	CHF	262‘717	CHF	237‘466
Total Kosten inkl. Steuern	CHF	500‘440	CHF	469‘914
Zinsgutschriften			CHF	29‘889
Wertzuwachs der Immobilie	CHF	66‘985		
Kosten abzüglich Zins oder Wertzuwachs der Immobilie	**CHF**	**433‘455**	**CHF**	**440‘025**

Tabelle 16: Vergleichsberechnung Normal Case
Quelle: Eigene Darstellung

Bei einer zurückhaltenden Immobilienwertsteigerung und bei durchschnittlichen Zinsen der Hypotheken und der Altersgutschriften ist die Performance des Eigenheims leicht höher. Bei einem Verkauf des Eigenheims würde der Besitzer immer noch einen Gewinn erzielen und die Rückzahlung des Vorbezugs wäre gewährleistet.

3.3.3.3 Worst Case

Bei der Worst Case Variante verlaufen die Eigenheimpreise negativ, die Hypothekarzinsen und die Verzinsung des Altersguthabens steigen.

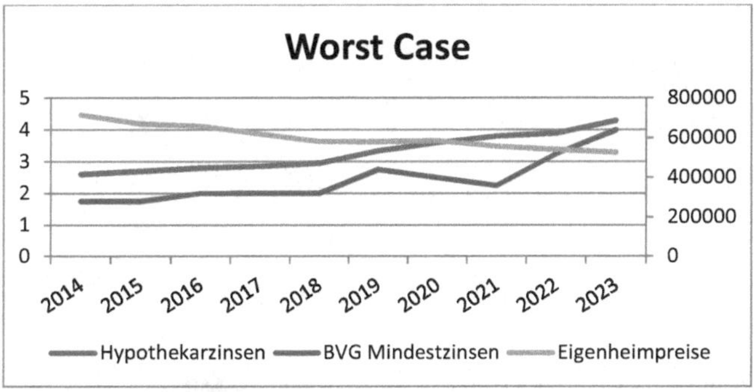

Abbildung 21: Diagramm Worst Case
Quelle: Eigene Darstellung

Im schlechtesten Fall sinkt der Wert des Eigenheims um 26%. Die Hypothekarkosten liegen bei 26% im Verhältnis zum ursprünglichen Immobilienwert. Der

Zinsertrag des Vorbezugs macht aufgrund der positiven Zinsentwicklung einen Anteil von 27% aus.

Der Worst Case spricht gegen einen Vorbezug des Altersguthabens, da die Verzinsung im Verhältnis zur Eigenheimperformance höher ist. Die steigenden Hypothekarzinsen gefährden die nachhaltige Tragbarkeit der Immobilie im Alter. Bei einer Veräusserung der Immobilie muss zudem mit einem Verlust gerechnet werden. Im schlimmsten Fall kann die Hypothek und der Vorbezug nicht mehr zurückbezahlt werden und die bestehende Vorsorgelücke bleibt bestehen.

Aufgrund der steigenden Verzinsung des Altersguthabens sollte in diesem Fall eher eine Verpfändung in Betracht gezogen werden.

Vergleich der Kosten zwischen einer Eigentumswohnung und einer Mietwohnung in der Periode 2014 bis 2023 – Worst Case				
	Eigentumswohnung		Mietwohnung	
Objektwert 2014	CHF	715'000	-	
Objektwert 2023	CHF	527'000		
Fremdkapital 80%	CHF	572'000	-	
Total der Hypothekar- und Mietkosten	CHF	187'730	CHF	232'448
Nebenkosten Eigenheim 1%	CHF	71'500	-	
Eigenmietwert 4.25%	CHF	256'445		
Steuerbares Einkommen	CHF	1'202'215	CHF	1'205'000
Steuerliche Kosten	CHF	236'377	CHF	237'466
Total Kosten inkl. Steuern	CHF	495'607	CHF	469'914
Zinsgutschriften			CHF	29'889
Wertzuwachs der Immobilie	CHF	- 188'000		
Totalkosten abzüglich Zins oder Wertzuwachs der Immobilie	**CHF**	**683'607**	**CHF**	**440'025**

Tabelle 17: Vergleichsberechnung: Worst Case
Quelle: Eigene Darstellung

Im Worst Case betragen die Kosten für das Eigenheim rund CHF 25'700. Jedoch spricht die Performance des Immobilienwertes eher gegen einen Eigenheimerwerb. Bei einer Veräusserung der Immobilie trägt der Versicherte einen hohen Verlust, wodurch die Rückzahlung des Vorbezugs nicht mehr gewährleistet werden kann.

3.3.4 Zusammenfassung

Die historische Entwicklung der Hypothekarzinsen und der Eigenheimpreise spricht für den Erwerb eines Eigenheims. Die Performance der Immobilie gegenüber der Verzinsung des Altersguthabens der beruflichen Vorsorge in den letzten 10 Jahren ist ein weiterer Grund, welcher für den Kauf einer Liegenschaft mit Hilfe eines Vorbezugs spricht.

Die Vergleichsberechnung über die letzten 10 Jahre verdeutlicht klar, dass die Kosten und Steuern gegenüber einem Mieter zwar etwas höher waren, jedoch in Relation mit der Immobilienwertsteigerung diese wieder deutlich verringert werden.

Die Variante des Best Case mit den sinkenden Hypothekarzinsen, den steigenden Immobilienpreisen und den sinkenden BVG-Mindestzinsen sprechen sehr für einen Kauf und somit, falls nötig, für einen Vorbezug bzw. eine Verpfändung der Freizügigkeitsleistungen. Der Best Case zeigt zudem, dass die Performance des Eigenkapitals bzw. des Vorbezugs im Eigenheim höher als bei der Pensionskasse ist.

Der Normal Case zeigt mit durchschnittlichen Zinsen und einer zurückhaltenden Immobilienwertsteigerung immer noch eine leicht bessere Performance des Vorbezugs gegenüber der Verzinsung in der Pensionskasse. Durch eine mögliche Veräusserung des Eigenheims wird die Rückzahlung des Vorbezugs immer noch gewährleistet. Somit spricht diese Variante ebenfalls für einen Kauf einer Liegenschaft.

Im Worst Case spricht vor allem die Entwicklung der Eigenheimpreise gegen einen Kauf einer Immobilie. Durch die steigenden Hypothekarkosten wird die nachhaltige Tragbarkeit gefährdet, wodurch eine Veräusserung des Wohneigentums droht. Der Verlust, welcher beim Verkauf der Liegenschaft entstehen würde, würde eine Rückzahlung des Vorbezugs unmöglichen machen.

4 Schlussfolgerung

Mit der Schlussfolgerung werden die in der Einleitung erwähnten Fragestellungen beantwortet und soll somit eine Zusammenfassung der behandelten Kapitel und Themen wiedergeben.

4.1 Ziel- und Zweckerfüllung der Wohneigentumsförderung mit Mitteln der beruflichen Vorsorge

Grundsätzlich soll die Wohneigentumsförderung mit Mitteln der Vorsorge dazu beitragen, dass der Wunsch vom Eigenheim verwirklicht werden kann. Seit Einführung der der Wohneigentumsförderung mit Mitteln der beruflichen Vorsorge nahmen, die Eigenheimbesitzer in der Schweiz zu. Da das Modell der Wohneigentumsförderung häufig genutzt wurde lässt sich im Zusammenhang mit der steigenden Wohneigentumsquote daraus schliessen, dass das Modell ihren Zweck erfüllt.

Aus der Studie, welche im Kapitel 2.3 behandelt wurde ging hervor, dass dank der Verpfändung oder dem Vorbezug der Altersguthaben rund 70% der befragten Teilnehmer erst dadurch die Möglichkeit erhielten, ihr Eigenheim zu erwerben.

Auf politischer Ebene wird das Modell jedoch immer wieder kritisiert. Dagegen spricht eine mögliche Gefährdung des Vorsorgezwecks und dass durch die reduzierte Altersrente vermehrt Ergänzungsleistungen vom Staat ausbezahlt werden müssen. Bis heute besteht jedoch kein direkter Zusammenhang der Ergänzungsleistungen und den Personen, welche die Wohneigentumsförderung beansprucht haben. Weitere Einschränkungen der Wohneigentumsförderung, wie zum Beispiel einer Reduktion des Maximalbezugs, werden in naher Zukunft vermutet. Hingegen wird eine generelle Abschaffung dieses Modells vorläufig nicht in Frage kommen.

Aus Sicht der vier Stakeholdergruppen, Versicherten, Pensionskassen, Fremdkapitalgebern und Immobilienbranche, sind die Pensionskassen am stärksten gegen die Wohneigentumsförderung, aufgrund des erhöhten Aufwandes der dadurch für sie generiert wird. Den Fremdkapitalgebern sowie der Immobilienbranche verschafft dieses Modell neue Kundensegmente, da es die Finanzierung eines Eigenheims auch für Personen mit einem kleineren Einkommen ermöglicht.

4.2 Chancen und Risiken der Versicherten

Die Wohneigentumsförderung mit Mitteln der beruflichen Vorsorge ermöglicht dem Versicherten grundsätzlich den Erwerb eines Eigenheims, birgt aber auch Risiken.

Die momentan tiefen Hypothekarzinsen ermöglichen einem neuen Kundensegment, welches sich bis anhin die Fremdfinanzierungszinsen nicht leisten konnte, eine Liegenschaft mit Hypotheken zu erwerben. Solange die Tiefzinsphase stagniert oder weiter sinkt, besteht keine Gefahr für dieses Segment. Wenn die Zinsen hingegen wieder steigen, wird es für diese Kundengruppe jedoch problematisch. Haben die Eigenheimerwerber keine grosse Sparquote oder eine entsprechende Einkommenserhöhung um diesen Aufschwung der Zinsen zu tragen, wird die Tragbarkeit der Immobilie schwierig.

Im schlimmsten Fall kann der Eigenheimbesitzer seinen Verpflichtungen gegenüber dem Kapitalgeber nicht mehr nachkommen und muss seine Liegenschaft veräussern. Hat der Besitzer für das Eigenheim einen Vorbezug getätigt, muss er durch die Veräusserung das Kapital welches dadurch frei wird, der Vorsorgeeinrichtung wieder zurückbezahlen. Im besten Fall ist der Verkaufspreis über dem damaligen Kaufpreis der Immobilie wodurch eine Rückzahlung der Freizügigkeitsleistungen nicht gefährdet wird. Falls die Immobilienpreise jedoch gesunken sind, muss mit einem Veräusserungsverlust gerechnet werden wodurch die Rückzahlung an die Vorsorgeeinrichtung nicht mehr gewährleistet ist. Die Entwicklung der Immobilienpreise ist in den letzten Jahren jedoch recht stark gestiegen und eine Stagnation ist noch nicht erreicht, wodurch vorläufig eher mit keinem Verlust gerechnet werden muss.

Wird der Vorbezug oder die verwertete Verpfändung nicht zurückbezahlt, führt dies zu einer Reduktion der Altersleistungen. Falls die Leistungen für Tod und Invalidität vom Freizügigkeitskapital abhängig sind, verursacht dies für die genannten Leistungen zusätzlich eine Leistungskürzung.

4.3 Sinn der Wohneigentumsförderung mit Mitteln der beruflichen Vorsorge aus heutiger Sicht

Die Simulationsberechnung der letzten 10 Jahren im Kapitel 3.3 veranschaulichte, dass das Altersguthaben eine höhere Wertsteigerung in der Immobilie als bei einer Vorsorgeeinrichtung mit einer durchschnittlichen BVG-Verzinsung aufweist.

Der Vergleich eines Eigenheims mit einem Mietobjekt verdeutlicht, dass die Kosten der Immobilie insgesamt zwar etwas höher sind, in Relation mit der Wertsteigerung der Immobilie gegenüber dem Mietobjekt diese jedoch deutlich geringer ausfallen.

Generell lässt sich daraus schliessen, dass ein Eigenheimerwerb aufgrund der Wertsteigerung und des potentiellen Gewinns in den letzten 10 Jahren lohnenswert war. Entwickeln sich die Immobilienpreise und die Hypothekarzinsen wie bis anhin, kann auch zukünftig ein Eigenheimerwerb als sinnvoll betrachtet werden.

Da der Umwandlungssatz, mit welchem die Altersrente bestimmt wird, in den letzten Jahren gesunken ist, muss man sich die Frage stellen, ob anstatt der Altersrente evtl. ein Kapitalbezug vorgenommen werden soll. Mit einem teil oder vollen Kapitalbezug besteht die Möglichkeit, eine bessere Rendite als die Altersrente zu erwirtschaften. Durch einen vorzeitigen Vorbezug hat kann der Versicherte die Steuerprogression brechen, da nicht das gesamte Kapital im selben Jahr ausbezahlt wird.

Auch die Die BVG-Mindestverzinsung hat sich in den letzten Jahren eher verschlechtert. Mittels der Wohneigentumsförderung hat die versicherte Person die Möglichkeit sein Kapital unabhängig von der Vorsorgeeinrichtung anzulegen.

5 Wichtigste Erkenntnisse und Empfehlungen des Autors

Kapitel 5 zeigt die wichtigsten Erkenntnisse dieser Arbeit auf und gibt die entsprechenden Empfehlungen des Autors an den Leser.

5.1 Wichtigste Erkenntnisse

Die Wohneigentumsförderung mit Mitteln der beruflichen Vorsorge erfüllt ihren Zweck und verhilft den Versicherten aktiv zum Kauf und Besitz eines Eigenheims. Seit Einführung dieses Modells wurde diese Möglichkeit rege genutzt. Heute scheint es, dass die Anzahl an Vorbezügen bereits wieder sinkt, die Häufigkeit der Rückzahlungen steigen jedoch. Gemäss den Statistiken des Bundesamts für Statistik bezahlt ein Grossteil der Eigenheimbesitzer ihre Vorbezüge bis zur Pensionierung jedoch nicht vollständig zurück.

Die Wohneigentumsförderung trägt aber nicht nur zum Erwerb eines Eigenheims bei, sondern soll zusätzlich die Wohneigentumsquote der Schweiz zu verbessern. Die Bau- und Immobilienmärkte werden durch die Wohneigentumsförderung positiv beeinflusst, da die Nachfrage steigt und somit die Wirtschaft angekurbelt wird.

Die Simulationsrechnung der letzten 10 Jahren in Kapitel 3.3 hat verdeutlicht, dass heute eine Investition in eine Immobilie durchaus lukrativ ist. Bei diesem Fall wäre es für den Besitzer, bei einem allfälligen Verkauf der Liegenschaft, kein Problem gewesen, die Hypothek sowie die Vorbezüge zurück zu bezahlen. Ein Eigenheim sollte in der Regel jedoch keine Geldanlage sein, sondern den Traum ein eigenes Wohnobjekt zu besitzen verwirklichen. Deshalb sollte ein Kauf einer Immobilie gut durchdacht sein. Man sollte aufgrund des hohen administrativen und finanziellen Aufwandes sich gut überlegen, ob man sich vorstellen kann in diesem Objekt für längere Zeit oder sogar bis ans Lebensende zu wohnen. Der Gedanke zur Geldanlage sollte hier wohl eher zweite Priorität haben.

5.2 Empfehlungen

Aufgrund der gemachten Erkenntnisse und dem angeeigneten Wissen durch diese Arbeit werden hier nun einige Empfehlungen zur Wohneigentumsförderung mit Mitteln der beruflichen Vorsorge an den Leser abgegeben.

5.2.1 Wunsch vom Eigenheim

Entscheidet man sich zu einem Kauf eines Eigenheims, muss neben dem finanziellen Aspekt zusätzlich beachtet werden, ob das Objekt auch für die kommenden Lebensabschnitte geeignet ist. Dabei sollte sicherlich der Standort und mögliche zukünftige Veränderungen genauer betrachtet werden. Wird zum Beispiel eine Bahnlinie, eine Autobahn oder sogar ein Flughafen in der Nähe gebaut, beeinträchtigt dies unter Umständen erheblich die Lebensqualität an einem Standort. Besteht der Wunsch nach Kindern sollte eine kinderfreundliche Umgebung gewählt werden. Auch sollte ein guter Schulweg für die Kinder, Spielmöglichkeiten und gewisse Sicherheitsaspekte berücksichtigt werden. Falls die erwerbende Person bereits im fortgeschrittenen Alter ist, sollte das zukünftige Eigenheim alterstauglich sein.

5.2.2 Finanzierung des Eigenheims durch Altersguthaben

Wird beabsichtigt, dass das Eigenheim mit Vorsorgegelder finanziert wird, empfiehlt sich unbedingt eine Vorsorgeanalyse durchzuführen. Mit dieser wird festgestellt wie sich die Leistungen für das Alter, Invalidität sowie im Todesfall verändern, sofern ein Vorbezug gemacht wird oder eine Verpfändung verwertet wird. Hat der Arbeitgeber einen Vorsorgeplan in Abhängigkeit des Salärs für die Arbeitnehmer abgeschlossen, verändern sich die Leistungen im Todesfall oder bei Erwerbsunfähigkeit nicht. Dies muss jedoch bei einem allfälligen Stellenwechsel bedacht und berücksichtigt werden.

Aus dem vorangehenden Abschnitt kann zudem geschlossen werden, dass der Arbeitgeber ein Teil zur Wohneigentumsförderung beitragen kann. Indem er die Leistungen grundsätzlich vom Salär abhängig macht, müssen die Arbeitnehmer durch einen Vorbezug weniger Kosten für Zusatzversicherungen aufwenden.

Die entstehenden Leistungslücken sollten zumindest teilweise mit einer Zusatzversicherung gedeckt bzw. reduziert werden. Für eine Familie in welcher zum Beispiel der Mann das Haupteinkommen aufbringt, empfiehlt es sich eine Todesfallversicherung in der Höhe der Hypothek abzuschliessen. Somit ist sichergestellt, dass im Todesfall des Mannes die Familie die Finanzierung des Eigenheims aufrechterhalten kann.

Um die Rückzahlung des Vorbezugs abzusichern, ist es sinnvoll eine Erlebensfall- und Todesfallversicherung in Höhe des Vorbezugs bis zum Alter 61 abzuschliessen. Stirbt die Person vor dem 61. Lebensjahr, wird die versicherte Leistung an die Hinterbliebenen ausbezahlt. Beim Erreichen des Versicherungsablaufs erhält der Versicherte die gesamte Auszahlung steuerfrei. Somit kann er bis zum Erreichen der Pensionierung die entstandene Vorsorgelücke wieder schliessen.

Die gleiche Variante kann auch für die indirekte Amortisation der Hypothek verwendet werden. Dazu wird mit dem Kreditgeber vereinbart, dass der Eigenheimbesitzer zum Beispiel eine Erlebens- und Todesfallversicherung in Höhe der gesamten Amortisationskosten abschliesst und diese an ihn verpfändet. Somit stellt der Kreditgeber sicher, dass die Amortisationskosten zurückbezahlt werden. Der Eigenheimbesitzer profitiert dadurch während der gesamten Zeit von den höheren Schuldzinsen, welche vom Einkommen für die Steuern abgezogen werden können.

5.3 Empfehlung zur Wohneigentumsförderung mit Mitteln der beruflichen Vorsorge

Aus dieser Arbeit wurden verschiedene Argumente ersichtlich, welche für oder gegen eine Verwendung der Freizügigkeitsleistung für den Erwerb eines Eigenheims sprechen. In diesem letzten Kapitel werden diese dem Leser nochmals kurz aufgezeigt.

Grundsätzlich kann vermutet werden, dass zurzeit der richtige Zeitpunkt für den Kauf eines Eigenheims ist. Die Hypothekarzinsen befinden sich auf einem Rekordtief und die Immobilienpreise verfolgen schon über mehrere Jahre hinweg einen Aufwärtstrend. Auch als Vergleich zur BVG-Mindestverzinsung, welche tendenziell sinkt, sprechen die aufwärtstreibenden Immobilienpreise für einen Kauf.

Aufgrund der tiefen Hypothekarzinsen empfiehlt sich eher die Verpfändung der Freizügigkeitsleistungen. Diese Variante birgt aufgrund der gleichbleibenden Leistungen klar weniger Risiken. Falls die Hypothekarzinsen steigen, kann durch einen Teilbezug des Altersguthabens die Hypothekarkosten wieder reduziert werden.

Wie bereits erwähnt, sollte bei Inanspruchnahme der Wohneigentumsförderung der Vorsorgeplan bzw. die Leistungen abhängig vom Salär gemacht werden, damit auf den Risikoleistungen keine Einbussen entstehen.

Schlussendlich müssen jedoch auch unvorhersehbare, persönliche Veränderungen berücksichtigt werden. Einen Stellenwechsel kann zu einem tieferen Einkommen oder einer neuen Vorsorgelösung in der beruflichen Vorsorge führen. Eine Scheidung kann zu Einbussen bzw. zu einem Abgang von Freizügigkeitsleistungen führen.

Entscheidet man sich für den Kauf eines Eigenheims und verwendet dazu das Altersguthaben aus der beruflichen Vorsorge, sollten die Auswirkungen und möglichen Einbussen sauber abgeklärt und möglichst abgesichert bzw. reduziert werden. Die durch die Wohneigentumsförderung entstandene Vorsorgelücke sollte bis zur Pensionierung soweit zurück bezahlt werden, dass eine im Alter nachhaltige Tragbarkeit der Immobilie gewährleistet ist.

6 Anhang

6.1 Quellenverzeichnis

6.1.1 Literatur

Anton Ivan et al. (2009), Immobilienwirtschaft aktuell, in: Bahn Christopher, Center for Urban & Real Estate Management (Hrsg.): Die Immobilienbewertung in der Schweiz – Entwicklung, Gegenwart, Auswirkungen, Zürich, S. 49

Arnold René (2005), Eigenheimfinanzierung unter Einbezug der beruflichen Vorsorge, in: Publikation der Swiss Banking School Zürich (295), S. 9 - 14

Schmid Hans (1995), Berufliche Vorsorge – Freizügigkeit und Wohneigentumsförderung, Bern

Schulz Hans-Rudolf / Muggli Christoph / Hübschle Jörg (1993), Wohneigentumsförderung durch den Bund, in: Bundesamt für Wohnungswesen (Hrsg.): Wohnungswesen Band 55, Bern, S. 1

Westermann Reto / Meyer Üsé (2005), Der Weg zum Eigenheim, in: Der Schweizerische Beobachter (Hrsg.): Ein Ratgeber aus der Beobachter-Praxis, Zürich, S. 83 - 86

6.1.2 Fachzeitschriften, Journals, Zeitungen

Gurtner Peter / von Deschwanden Leo (1993), Wohneigentumsförderung: Bestandesaufnahme und Ausblick, in: Schriftenreihe der Schweizerischen Zentralstelle für Eigenheim- und Wohnbauförderung (12), S. 6

Hauri Ernst / Steiner Verena / Vinzens Martin (2006), Siedlungswesen Schweiz, Raumentwicklung und Wohnungswesen, in: Schriftenreihe Wohnungswesen (78), S. 38

Hornung Daniel / Röthlisberger Thomas / Gurtner Rolf / Kläger Paul (2003), Wirkungsanalyse der Wohneigentumsförderung mit Mittel der beruflichen Vorsorge (WEF), in: Forschungsbericht 17/03, S. 6

Seiler Zimmermann Yvonne (2012), Auswirkungen der neuen Eigenmittel-Mindestanforderung auf den Hypothekarmarkt, in: Die Volkswirtschaft (10), S. 30

Fischer Gérard et al.(2013), Schweizer Pensionskassen 2013, in: Swisscanto Umfrage der Schweizer Pensionskassen (13), S. 42

Manz Matthias (2002), WFG statt WEG: zur politischen Aktualität der Wohnungspolitik, in: Rote Revue: Zeitschrift für Politik, Wirtschaft und Kultur (80), S. 34

Rey Urs (2012), Immer mehr Altbauten stehen zum Verkauf, in: statistik.info 2012/13, S. 11 - 19

Wüest Hannes / Hofer Martin / Schweizer Markus (1994), Wohneigentumsförderung, in: Forschungsbericht 3/94, S. 8 - 35

6.1.3 Internet

Beobachter (2006), 2. Säule: Die Stütze fürs Eigenheim, in: http://www.beobachter.ch/fileadmin/user_upload/media/kompakt/20-06-17-wohneigentum.pdf, 10.12.2013

Bundesamt für Migration (2013), Ausländerstatistik per Ende August 2013, in: http://www.pv-axpo-nok.ch/downloads/dfb25jahrebvg.pdf, 7.1.2014

Bundesamt für Sozialversicherungen (2013), Berufliche Vorsorge: Anpassung des Mindestumwandlungssatzes – Eidg. Volksabstimmung vom 7. März 2010, in: http://www.bsv.admin.ch/dokumentation/gesetzgebung/00092/02715/?lang=de, 10.10.2013

Bundesamt für Sozialversicherungen (2010), Faktenblatt 1985 – 2010: 25 Jahre BVG, in: http://www.pv-axpo-nok.ch/downloads/dfb25jahrebvg.pdf, 21.08.2013

Bundesamt für Sozialversicherungen (2013), Sinn und Zweck der beruflichen Vorsorge, in: http://www.bsv.admin.ch/themen/vorsorge/00039/00335/index.html?lang=de&print_style=yes, 21.08.2013

Bundesamt für Statistik (2013), Bau- und Wohnungswesen, in: http://www.bfs.admin.ch/bfs/portal/de/index/themen/09/01/pan.Document.118140.pdf, 29.12.2013

Bundesamt für Wohnungswesen (2013), Hypothekarzinsen, in: http://www.bwo.admin.ch/dokumentation/00106/00111/index.html?download=NHzLpZeg7t,lnp6I0NTU042l2Z6ln1acy4Zn4Z2qZpnO2Yuq2Z6gpJCDdHx5gmym162epYbg2c_JjKbNoKSn6A--&lang=de, 28.11.2013

Bundesrat (2012), Bundesrätliches Paket zur Bankenregulierung, in: http://www.news.admin.ch/dokumentation/00002/00015/index.html?lang=de&msg-id=44781, 1.12.2013

Eidgenössische Departement des Innern (2012), Bericht zur Zukunft der 2. Säule, in: http://www.bsv.admin.ch/dokumentation/gesetzgebung/01839/03178/index.html?lang=de&download=NHzLpZeg7t,lnp6I0NTU042l2Z6ln1acy4Zn4Z2qZpnO2Yuq2Z6gpJCEdH95hGym162epYbg2c_JjKbNoKSn6A--, 01.12.2013

Hertzog Werner 2011, Wohneigentumsförderung gibt falsche Anreize zum Immobilienkauf, in: http://www.nzz.ch/aktuell/wirtschaft/uebersicht/wohneigentumsfoerderung-gibt-falsche-anreize-zum-immobilienkauf-1.12075087, 10.12.2013

Méry Jacques (2010), Statistik über die Vorbezüge von Geldern der beruflichen Vorsorge im Rahmen der Wohneigentumsförderung, in: http://www.bsv.admin.ch/dokumentation/zahlen/00093/00460/index.html?lang=de&download=NHzLpZeg7t,lnp6I0NTU042l2Z6ln1acy4Zn4Z2qZpnO2Yuq2Z6gpJCDfYR2f2ym162epYbg2c_JjKbNoKSn6A--, 10.10.2013

Schaffhauser Kantonalbank (2013), Eigenheim-Index der Schaffhauser Kantonalbank, in: http://www.shkb.ch/assets/div_downloads/SHKB-Eigenheim-Index.pdf, 08.12.2013

Schweizerische Eidgenossenschaft (2013), Bau- und Wohnungswesen, Durchschnittlicher Mietpreis in Franken nach Kanton und Zimmerzahl, in: http://www.bfs.admin.ch/bfs/portal/de/index/themen/09/03/blank/key/mietpreise/nach_zimmerzahl.html, 29.12.2013

Schweizerische Eidgenossenschaft (2013), Wohneigentumsquote, in: http://www.bfs.admin.ch/bfs/portal/de/index/themen/09/03/blank/key/bewohnertypen/nach_region.html, 27.12.2013

Swiss Banking (2011), Richtlinien für die Prüfung, Bewertung und Abwicklung grundpfandgesicherten Kredite, in: http://www.swissbanking.org/20111028-3300-veb-rev_grundpfand_rl_final-akn.pdf, 25.12.2013

Tappeiner Harald (2012), Pensionskassengeld: Schlechte Gründe gegen den Vorbezug, in: http://www.ktipp.ch/artikel/d/pensionskassengeld-schlechte-gruende-gegen-den-vorbezug/, 10.12.2013

Wüest & Partner (2013), Immobilienmarkt Schweiz 2013 / 4, in: http://www.wuestundpartner.com/dms/publikationen/publikationen-ch/immobilienmarkt-schweiz/deutsch/Immobilienmarkt_schweiz_13_4_D.pdf 27.12.2013

Zürcher Kantonalbank (2013), Immobilienbarometer 3. Quartal 2013, in: http://www.zkb.ch/etc/ml/repository/textdokumente/finanzieren/immobarometer_3_quartal_2013_pdf.File.pdf, 08.12.2013

Zürcher Kantonalbank (2013), Tragbarkeitsberechnung, in: https://www.zkb.ch/de/startseite/privatkunden/hypotheken_und_kredite/hypotheken/starthypthek/uebersicht/_tools_/module0/hypothekarrechner.html?DoValidation=true&Kaufpreis=744000&EigeneMittel=148800&HoeheHypothek=595200&Einkommen=200%27000&ModelIndex=18, 28.11.2013

Züricher Kantonalbank (2013), Variable Hypotheken, in: http://www.zkb.ch/de/startseite/privatkunden/hypotheken_und_kredite/hypotheken/variable_hypothek/zinsen.html, 10.12.2103

Züricher Kantonalbank (2013), Wohneigentumsindex (ZWEX), in: http://www.zkb.ch/de/center_worlds/eigenheimcenter/marktinfos/wohneigentumsindex_zwex_/methode.html, 08.12.2013

6.1.4 Gesetze

Bundesgesetz über die berufliche Alters-, Hinterlassenen- und Invalidenvorsorge (BVG), vom 25. Juni 1982, Stand am 1. Januar 2013

Bundesgesetz über die direkten Bundessteuer (DBG), SR 642.11, vom 14. Dezember 1990, Stand am 1. Januar 2013

Bundesverfassung der Schweizerischen Eidgenossenschaft (BV), VOM 18. April 1999, Stand am 3. März 2013

Verordnung über die Wohneigentumsförderung mit Mittel der beruflichen Vorsorge (WEFV), vom 3. Oktober 1994, Stand am 1. Januar 2013

6.2 Übrige Verzeichnisse

6.2.1 Tabellenverzeichnis

6.2.2 Abbildungsverzeichnis

6.3 Diverse Unterlagen

6.3.1 Fragebogen Pensionskassen

Fragebogen Pensionskassen

Für meine Bachelorarbeit „Sinn der Wohneigentumsförderung mit Mittel der beruflichen Vorsorge aus heutiger Sicht" benötige ich aktuelle und praxisbezogene Statements aus der Sicht von verschiedenen Pensionskassen. In meiner Arbeit stellt sich die zentrale Frage, wie die Haltung der Pensionskassen gegenüber der Wohneigentumsförderung ist.
Ich bitte Sie höflich, sich kurz die Zeit zu nehmen um folgende Fragen zu beantworten.

Angaben zu Ihrer Person:

Name und Vorname	Klicken Sie hier, um Text einzugeben.
Name des Arbeitgebers	Klicken Sie hier, um Text einzugeben.
Berufsbezeichnung	Klicken Sie hier, um Text einzugeben.

1. **Empfehlen Sie den Versicherten die Wohneigentumsförderung mit Mitteln der 2. Säule?**

   Falls Nein, wieso?

   Falls Ja:

   Welche Voraussetzungen, nebst den gesetzlichen, verlangen Sie?

   Machen Sie Ihre Versicherten aktiv oder passiv auf die Wohneigentumsförderung aufmerksam?
   Aktiv ☐ Passiv ☐

   Haben Sie für die Wohneigentumsförderung ein spezifisches Reglement?
   Ja ☐ Nein ☐

2. **Bitte beantworten Sie die folgenden zwei Fragen aus Sicht der Pensionskasse:**
   a. Was spricht für eine Verpfändung der Freizügigkeitsleistungen?

   b. Was spricht gegen eine Verpfändung der Freizügigkeitsleistungen?

3. **Bitte beantworten Sie die folgenden zwei Fragen aus Sicht der Pensionskasse:**
   a. Was spricht für einen Vorbezug der Freizügigkeitsleistungen?

5. Wie viele Vorbezüge und Verpfändungen wurden seit der Einführung der Verordnung über die Wohneigentumsförderung mit Mitteln der beruflichen Vorsorge (1.1.1995) beantragt?

Vorbezüge:

Verpfändungen:

6.3.2 Fragebogen Fremdkapitalgeber

Fragebogen Fremdkapitalgeber

Für meine Bachelorarbeit „Sinn der Wohneigentumsförderung mit Mittel der beruflichen Vorsorge aus heutiger Sicht" benötige ich aktuelle und praxisbezogene Statements aus der Sicht von verschiedenen Fremdkapitalgebern. In meiner Arbeit stellt sich die zentrale Frage, wird das Modell der Wohneigentumsförderung mit Mitteln der beruflichen Vorsorge aktiv verwendet oder nicht. Ich bitte Sie höflich, sich kurz die Zeit zu nehmen um folgende Fragen zu beantworten.

Angaben zu Ihrer Person:
Name und Vorname Klicken Sie hier, um Text einzugeben.
Name des Arbeitgebers Klicken Sie hier, um Text einzugeben.
Berufsbezeichnung Klicken Sie hier, um Text einzugeben.

1. **In welchen Fällen empfehlen Sie konkret die Finanzierung des Eigenheims mit Pensionskassenguthaben? Zeigen Sie diese Möglichkeit dem Kunde aktiv?**

2. **Welche Gründe sprechen aus Ihrer bzw. aus Sicht Ihres Arbeitgebers, für einen Vorbezug und welche für eine Verpfändung der Freizügigkeitsleistungen?**

3. **Falls ein Kreditnehmer seine Freizügigkeitsleistungen bei Ihnen verpfändet, reduzieren Sie dadurch Ihre Hypothekarzinsen? Falls ja, um wie viel?**

4. **Wie viele Eigenheime sind zusammen mit Ihren Hypotheken und mit Freizügigkeitsleistungen finanziert?**

6.3.3 Fragebogen Immobilienbranche

Tobias Abstreiter HWZ Hochschule Wirtschaft Zürich Bachelorthesis

Fragebogen Immobilienbranche

Für meine Bachelorarbeit „Sinn der Wohneigentumsförderung mit Mittel der beruflichen Vorsorge aus heutiger Sicht" benötige ich aktuelle und praxisbezogene Statements aus der Sicht von Teilnehmern aus der Immobilienbranche. In meiner Arbeit stellt sich die zentrale Frage, ob das Modell der Wohneigentumsförderung mit Mitteln der beruflichen Vorsorge für Sie eine aktiv Rolle spielt oder nicht. Ich bitte Sie höflich, sich kurz die Zeit zu nehmen um folgende Fragen zu beantworten.

1. **Welche Vor- und Nachteile sehen Sie aus Ihrer Sicht für die Immobilienbranche, wenn das Pensionskassenguthaben für die Wohneigentumsförderung genutzt wird?**

2. **Sprechen Sie die Möglichkeit der Wohneigentumsförderung bei Ihren Kunden aktiv an?**
   Ja ☐ Nein ☐

3. **Haben Sie in den letzten Jahren eine Zu- oder Abnahme der Liegenschaften Verkäufe festgestellt?**
   Zunahme ☐ Abnahme ☐

6.3.4 Vergleichsberechnung der Einkommenssteuer mit und ohne Reduktionsmassnahmen

Vergleichsberechnung WEF Bezug 75'000 und Hypzins Redukt. um 1'875.00 p.a. TAXware

Steuern auf Einkommen & Vermögen

erstellt am 05.12.2013

1. Grundlagen			Vergleich	
Steuerjahr		2013		2013
Kanton	ZH	100	ZH	100
Gemeinde	Zürich	119	Zürich	119
Zivilstand	unverheiratet		unverheiratet	
Anzahl Kinder	0		0	
Konfession	römisch-katholisch	10	römisch-katholisch	10
Währung	CHF		CHF	

2. Einkommen und Vermögen	satzbestimmend	steuerbar	satzbestimmend	steuerbar
Einkommen Kanton/Gemeinde	100 000	100 000	101 875	101 875
Einkommen Bund	100 000	100 000	101 875	101 875
Vermögen	200 000	200 000	275 000	275 000

3. Steuern im Detail	Einkommen	Vermögen	Total	Einkommen	Vermögen	Total
Kanton	6 320	61	6 381	6 481	99	6 580
Gemeinde	7 492	73	7 565	7 684	118	7 802
Kirche	630	6	636	646	10	656
Bund	2 874		2 874	2 993		2 993
Total	**17 316**	**140**	**17 456**	**17 804**	**227**	**18 031**
Differenz						**+ 575**

4. Weitere Informationen		
Grenzsteuersatz	27.40%	27.10%
Steuerdifferenz bei Einkommensunterschied von CHF -6 739	-1 852	-1 823

6.3.5 Steuerberechnung für den Kapitalbezug 2001

6.3.6 Berechnung der Kapitalsteuern durch einen Vorbezug der Freizügigkeitsleistungen

Staats- und Gemeindesteuern auf Kapitalleistungen

Provisorische Berechnung 2013

Grunddaten

Name	
Tarif	Grundtarif
Gemeinde	Zürich

Kapitalleistung

	CHF	Steuersatz	Einfache Staatssteuer 100 %, CHF
Einkommen aus Kapitalleistungen	75'000.00		
davon steuerbar	100 %		
Kapitalleistungen Steuerbar, CHF	75'000.00	2 %	1'500.00
Kapitalleistungen Rente, CHF	7'500.00	2 %	–
Total einfache Staatssteuer			**1'500.00**

Steuerberechnung

	Steuerfuss	CHF
Staatssteuern (Kanton)	100 %	1'500.00
Gemeindesteuern Zürich (Bemerkung)	119 %	1'785.00
Kirchensteuer Pflichtige/r, CHF	10 %	150.00
Total Staats- und Gemeindesteuern, CHF		**3'435.00**

Für die Steuerzahlung ist einzig der Betrag auf der Steuerrechnung massgebend.

Bemerkungen

- Ab 2012 sind aufgrund des neuen Finanzausgleichs je nach Zugehörigkeit zu Schulgemeinde / Kirchgemeinde bei den Gemeindesteuern unterschiedliche Steuerfüsse möglich. In der Rechnung des Gemeindesteueramtes wird der für Sie korrekte Steuerfuss angewandt. Dieser kann von dem hier verwendeten Wert abweichen.

6.3.7 Berechnung Hypothekarkosten für die Periode 2001 bis 2010

Vergleich Mietpreise und Hypothekarzinsen

Entwicklung der durchschnittlichen Hypothekarzinsen

Jahr	Durchschnttl. Zins				
		Objektpreis	503000		
1997	4,47	80% FK	402400		
1998	4,07				
1999	3,90	Hypothekarzinsen von 2001 bis 2010			Hypokosten
2000	4,29	2001	0,04302		17.310
2001	4,30	2002	0,04285		17.243
2002	4,29	2003	0,03269		13.155
2003	3,27	2004	0,03195		12.857
2004	3,195	2005	0,03119		12.552
2005	3,12	2006	0,03032		12.199
2006	3,03	2007	0,03150		12.676
2007	3,15	2008	0,03343		13.450
2008	3,34	2009	0,02751		11.069
2009	2,75	2010	0,02733		10.999
2010	2,73	2011			
2011	2,72	**Total der Hypothekarzinsen über 10J.**			133.510
2012	2,69				
2013	2,69	**Nebenkosten 1%**		5030	
		Nebenkosten für 10J.		50300	
		Eigenmietwert 4.25%		21377,5	
		Eigenmietwert 10J.		213775	

6.3.8 Berechnung der Einkommenssteuer für Gemeinde, Kanton und Bund von 2001 bis 2010

Steuern in der Periode 2001 bis 2010, Einkommen von CHF 100'000

	ohne Eigenmietwert	mit Eigenmietwert
2001	26879	26125
2002	26751	25771
2003	26301	25345
2004	26604	25345
2005	26884	25345
2006	26376	24885
2007	26399	24885
2008	26541	24678
2009	26908	24678
2010	27024	24678
Total	266667	251735

Steuerbares Einkommen unter berücksichtigung der Hypothekarzisnen und dem Eigenmietwert

		0,0425	100000	15317
	Eigenmietwert	4,25%	zuzgl. 1000(	abzgl. Kosten
2001	503000	21378	121378	106061
2002	527000	22398	122398	107081
2003	540000	22950	122950	107633
2004	557000	23673	123673	108356
2005	585000	24863	124863	109546
2006	580000	24650	124650	109333
2007	582000	24735	124735	109418
2008	620000	26350	126350	111033
2009	658000	27965	127965	112648
2010	670000	28475	128475	113158

6.3.9 Berechnung der Mietkosten einer durchschnittlichen 4 Zimmerwohnung für die Periode 2001 bis 2010

Entwicklung der Mietpreise im Kanton Zürich

Durchschnittliche Mietpreisentwicklung	Veränderung in %		Mietpreisentwicklung für eine 4 Zimmerwohnung	
1074		2001	1390	
1090,5	101,54	2002	1411	101,54
1096,5	100,55	2003	1419	100,55
1097,5	100,09	2004	1420	100,09
1119,5	102,00	2005	1449	102,00
1160	103,62	2006	1501	103,62
1186	102,24	2007	1535	102,24
1209,5	101,98	2008	1565	101,98
1248,5	103,22	2009	1616	103,22
1262,5	101,12	2010	1729	101,12
			15035	0
Total der Mietkosten über 10J.		**Total der Mietkosten über 10J.**		
	138534			180424

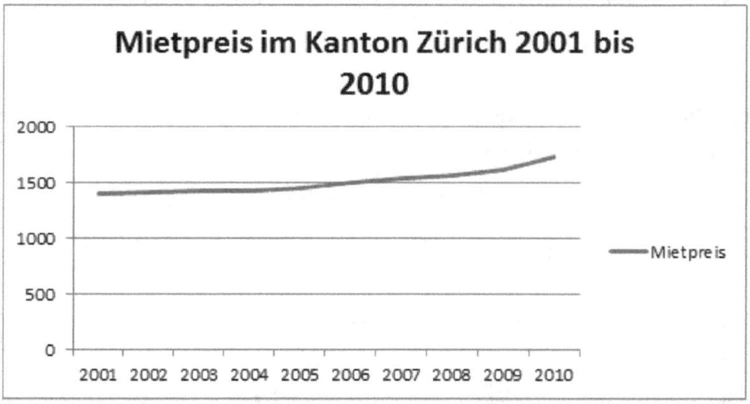

6.3.10 Berechnung der Hypothekarkosten für die Szenarien Best-, Normal- und Worst Case

Berechnung für die Hypothekarkosten der drei Szenarien

Immobilien Wert	715000	100
Fremdkapital 80%	572000	

	Best		Normal		Worst	
	Zins	Kosten	Zins	Kosten	Zins	Kosten
2014	2,6	14872	2,60	14872	2,6	14872
2015	2,5	14300	2,94	16817	2,69	15387
2016	2,43	13900	2,94	16817	2,8	16016
2017	2,41	13785	2,94	16817	2,85	16302
2018	1,9	10868	2,94	16817	2,95	16874
2019	1,75	10010	2,94	16817	3,34	19105
2020	1,7	9724	2,94	16817	3,6	20592
2021	1,5	8580	2,94	16817	3,8	21736
2022	1,4	8008	2,94	16817	3,9	22308
2023	1,3	7436	2,94	16817	4,29	24539
Total Kosten		111483		166223		187730
%-Anteil		16		23		26

6.3.11 Berechnung der Verzinsung des Vorebzugs für die Szenarien Best-, Normal- und Worst Case

Berechnung für die Verzinsung des Vorbezugs der drei Szenarien

Vorbezug aus der beruflichen Vorsorge	75000	100

	Best		Normal		Worst	
	Zins	Guthaben	Zins	Guthabe	Zins	Guthaben
2014	1,75	76313	1,75	76313	1,75	76313
2015	1,5	77457	2,11	77923	1,75	77648
2016	1,5	78619	2,11	79567	2	79201
2017	1,25	79602	2,11	81246	2	80785
2018	1,25	80597	2,11	82960	2	82401
2019	1,25	81604	2,11	84710	2,75	84667
2020	1	82420	2,11	86498	2,5	86783
2021	1	83245	2,11	88323	2,25	88736
2022	0,8	83910	2,11	90187	3,25	91620
2023	0,7	84498	2,11	92090	4	95285
Total Zinsertrag		9498		17090		20285
In % zum Vorbezug		13		23		27

6.3.12 Berechnung der Eigenheimpreisentwicklung für die Szenarien Best-, Normal- und Worst Case

Berechnung für die Eigenheimpreisentwicklung für die drei Szenarien

Immobilienwert		715000				
	Best		**Normal**		**Worst**	
	Wert	W.-Zuwachs	Wert	W.-Zuwachs	Wert	W.-Zuwachs
2014	715000		715000		715000	
2015	728000	13000	715000	0	670000	-45000
2016	745000	17000	715000	0	658000	-12000
2017	773000	28000	715000	0	620000	-38000
2018	768000	-5000	715000	0	582000	-38000
2019	770000	2000	715000	0	580000	-2000
2020	808000	38000	715000	0	585000	5000
2021	846000	38000	715000	0	557000	-28000
2022	858000	12000	715000	0	540000	-17000
2023	903000	45000	715000	0	527000	-13000
Total Zuwachs		188000		0		-188000
In % zum Anfangswert		26		0		-26

FSC
www.fsc.org
MIX
Papier | Fördert
gute Waldnutzung
FSC® C083411

Kolibri 360 GmbH
Ferdinand-Jühlke-Straße 7
99095 Erfurt, Deutschland
produktsicherheit@kolibri360.de

Druck:
CPI Druckdienstleistungen GmbH
im Auftrag der
Kolibri 360 GmbH
Ferdinand-Jühlke-Str. 7
99095 Erfurt